DIÁRIO DE UMA
Ex-Gordinha

Siluandra Scheffer

DIÁRIO DE UMA
Ex-Gordinha

CIP-BRASIL. CATALOGAÇÃO-NA-FONTE
SINDICATO NACIONAL DOS EDITORES DE LIVROS, RJ.

S338d Scheffer, Siluandra
Diário de uma ex-gordinha / Siluandra Scheffer. –
Rio de Janeiro: Best*Seller*, 2011.

ISBN 978-85-7684-382-5

1. Scheffer, Siluandra. 2. Mulheres – Brasil – Biografia. 3. Dieta de emagrecimento. 4. Autoestima em mulheres. I. Título.

11-0598.　　　　　　　　　　　　　　CDD: 920.72
　　　　　　　　　　　　　　　　　　CDU: 929-055.2

Texto revisado segundo o novo Acordo Ortográfico da Língua Portuguesa.

Título original
DIÁRIO DE UMA EXGORDINHA

Copyright © 2008 by Siluandra Scheffer
Capa: Folio Design
Editoração eletrônica: Abreu's System
Imagem da capa: Tomás Rangel

Todos os direitos reservados. Proibida a reprodução,
no todo ou em parte, sem autorização prévia por escrito da editora,
sejam quais forem os meios empregados.

Direitos exclusivos de publicação reservados pela
EDITORA BEST SELLER LTDA.
Rua Argentina, 171, parte, São Cristóvão
Rio de Janeiro, RJ – 20921-380

Impresso no Brasil

ISBN 978-85-7684-382-5

Seja um leitor preferencial Record.
Cadastre-se e receba informações sobre nossos lançamentos e nossas promoções.

Atendimento e venda direta ao leitor
mdireto@record.com.br ou (21) 2585-2002

Sumário

Agradecimentos 7
Aquela mulher 9

PARTE I
A Bela Adormecida

Casa nova, vida velha 27
O primeiro sutiã a gente nunca esquece 30
Incomodada ficava a sua avó, e eu também 33
O acidente 37
Beijar engravida?! 42
Minha primeira sessão de maquiagem 49
Adeus à inocência 53
15 anos 58
Prometo que nunca mais faço de novo 61
A primeira grande humilhação a gente também
nunca esquece 68

PARTE II
A Cinderela Vai à Forra

Depois da meia-noite...	88
Uma linda ex-gordinha	99
Beijar o príncipe, acordar com o sapo	104
Rapunzel joga as tranças	116
Braços abertos	123
Mudar é preciso	128
Dieta do espelho	137
Alimentação	150
Beleza	156

Agradecimentos

Quando eu era gordinha e fazia caminhadas pelo meu bairro, ficava pensando "por que eu?". Gordinha, dentes tortos, sem dinheiro... "Por que não sou como as outras garotas da minha idade?". "Por que estou sofrendo dessa maneira?".

Muitas lágrimas rolavam pelo meu rosto, e não havia perspectiva de um futuro melhor. A luta era minha, e eu, de certa maneira, me conformava vivendo minha realidade.

Hoje tenho a resposta: passei o que passei simplesmente para poder trazer esperança para outras pessoas. Me transformei, emagreci e me reinventei.

Muitos foram os que torceram por isso e tenho certeza de que ao longo do percurso Deus e Nossa Senhora Aparecida sempre estiveram comigo.

Mas algumas pessoas já não estão mais aqui: minha avó Maria Cêni e meu avô Deomar, que me colocava no colo e me contava um monte de histórias. Quando ele acabava de contar, minha avó dizia: "Deixa de contar mentira pra Silu!"

Suas histórias alegravam meu coração. Sou sua continuidade, e sei que de onde ele está certamente sorri orgulhoso da neta.

Agradeço à minha família: mamy, pai e meus irmãos.

Obrigada, Edu, meu amigo e amor, que acreditou, me deu força e me fez sentir feliz e acolhida.

Agradeço igualmente à equipe da Record: Beatrice Araújo e Sérgio França, que me deram esta oportunidade única e me instruíram ao longo do projeto.

Aquela mulher

"Eu posso." Foi estranho pensar assim, com tanta clareza, pela primeira vez. Juntar duas palavras tão simples deve ser um gesto igualmente simples para muitas pessoas, mas não para mim. Naquela noite de sábado vi as chaves em cima da mesa e decidi. Desliguei a televisão, me levantei do sofá e fui até o meu quarto.

Com a mesma convicção, abri o armário e escolhi o vestido preto que estava lá intocado, como se estivesse apenas esperando por aquele momento. O mesmo vestido que, semanas antes, precisei esconder do meu marido ao voltar da loja.

De repente, começava a sentir uma euforia muito particular. Era outra vez a menina capaz de se encantar com a descoberta de um trapo velho num terreno baldio, e encontrar as maiores alegrias mesmo numa boneca quebrada. A vida havia melhorado, é verdade, mas aquela menina não precisava de muito para experimentar o encantamento.

Abri a gaveta de maquiagens e dessa vez soube o que fazer. Da mesma forma que sabia que se arrumasse com cuidado o trapo sujo, ele seria uma toalha de mesa perfeita para meus almoços imaginários. Da mesma forma que a boneca quebrada podia se transformar numa princesa quando animada pelas minhas mãos.

Não foi sempre assim. Entre aquela menina e a mulher que pintava os olhos diante do espelho iluminado havia um abismo. Durante a maior parte da minha vida tudo tinha sido diferente.

Naquela noite, olhando-me no espelho, sabia como ninguém o quanto tinha sido diferente. Um dia, a menina capaz de fazer mágica com as piores coisas se escondeu num canto onde não podia ser encontrada. No seu lugar, surgiu uma garota deslocada, que, sem malícia para entender o que era preciso para se ajustar e ser aceita, passou a acreditar que não tinha qualquer valor.

Não tenho certeza quando foi que minha aparência começou a se revelar um obstáculo. Meu corpo se desenvolveu muito cedo. Tive de aceitar que não podia mais ser criança e precisava assumir as responsabilidades de uma "mocinha", já que parecia ser uma.

Aconteceu muito rápido, e quando me dei conta, acumulava responsabilidades de um adulto. Não reclamei. Logo, a primeira desilusão amorosa somada ao trabalho num pequeno quiosque de doces transformou aquela garota sempre grande demais para sua idade numa adolescente gorda. Ser grande começou a significar outra coisa. E o pior ainda estava por vir.

Eu literalmente ocupava muito espaço, e os outros passaram a não me poupar. O tempo todo eu podia contar com alguém disposto a dizer que meus sonhos não passavam de delírios impossíveis, e que não importava o que fizesse para tentar mudar: não daria certo.

Nunca faltou quem me mandasse voltar para casa e me conformar. Durante muito tempo não achei que houvesse alternativa e voltei. Mas, lá no fundo, isso não queria dizer que me conformava. Havia uma força guardada dentro de mim, como a criança que se esconde até a tempestade passar. E um dia alguém, ao tentar me fazer mal, sem querer me ajudou a perder o medo da tempestade.

Mais cedo ou mais tarde, bateria em outra porta que não se abriria, seria barrada em outra festa. Seria tratada como alguém sem valor, seria magoada de novo e de novo, me fecharia no meu mundo solitário, mas nada disso me impediria de continuar meu caminho e alimentar meus sonhos.

Naquela noite, enquanto entrava no carro e girava a chave na ignição, meu coração disparava. Acho que cogitei telefonar para uma amiga, mas logo me dei conta que não haveria alguém por perto que eu pudesse chamar assim, tão de repente. Respirei fundo e fiz o que achava que tinha de fazer. Porque eu podia fazer.

A noite mal tinha começado quando entrei na boate. Com a pista quase vazia, nenhuma multidão para me esconder, me senti exposta e, por alguns instantes, insegura. Tudo bem, eu tinha, de certa forma, me preparado para a exposição: durante anos estudei vencedoras das passarelas como um biólogo estuda espécimes raros.

Sentei-me ao balcão, pedi uma taça de espumante, acendi um cigarro e fumei calmamente. Não sou fumante de verdade nem costumo sair sozinha pela noite carioca: acontece que eu havia construído aquela cena dentro da minha cabeça fazia muito tempo. Talvez a tenha visto num filme ou numa revista, não sei. Só sei que aquela era a imagem da mulher que eu queria ser.

Naquela noite, encontrei-a: tinha 30 anos, estava bonita no vestido preto, andava sobre sapatos altos e elegantes, tomava um espumante e fumava sozinha numa boate da moda do Rio de Janeiro. Sozinha, mas não em busca de companhia. Eu seria a minha própria companhia naquela noite.

Sou capaz de aparentar calma mesmo em situações-limite. Esse talento, aliás, talvez tenha sido meu verdadeiro e único trunfo quando consegui aquela primeira vitória depois de tantas derrotas, dez anos antes. Não havia uma amiga ou um grupo por chegar, e meu marido estava fora da cidade.

Se estivesse comigo, Paulo reclamaria do barulho, resmungaria alguma coisa sobre o preço da bebida, faria cara feia e logo diria que estava na hora de irmos para casa assistir a algum programa de televisão imperdível. Mas com ele fora e uma boa dose de coragem, eu podia ir para a pista, dançar e me divertir à vontade. Àquela noite, podia ir para onde quisesse; nenhuma entrada seria barrada e eu tomaria todas as decisões.

Para os homens que se aproximaram, me restringia a mostrar a aliança. Não, obrigada, não estava disponível. Um desses playboys do Leblon que nunca ouviu um não dentro de casa foi mais insistente e tentou discutir o assunto com insolência, como se eu, por estar ali, lhe devesse explicações: o que uma mulher casada fazia naquele lugar? Se eu lhe contasse a verdade, ele não entenderia. Para falar francamente, não sei se alguém, além de mim, seria capaz de entender.

– Sou casada, amigo, com licença.

A resposta verdadeira seria outra: pela primeira vez sou livre!

Mas ele a entenderia?

Logo o lugar ficou repleto de pessoas bonitas, interessantes, que não faziam ideia da distância que havia entre nós. Ocupávamos o mesmo lugar no espaço, o mesmo território: homens e mulheres bem nascidos da zona sul carioca, e eu: Siluandra, nascida em Palhoça, ex-entregadora de mercado, ex-babá e doméstica, ex-vendedora de seguros, ex-atendente de quiosque de balas, ex-vendedora de loja, ex-massoterapeuta, ex-miss, ex-gorda. Não era à toa que achava tudo aquilo muito divertido.

Em determinado momento, percebi um rosto conhecido que me observava com insistência. Digo, conhecido das revistas, da televisão, dos anúncios, dos jornais. A diversão só aumentava.

Muitas moças vindas do interior, como eu, fariam loucuras para ir embora da festa com o jogador de futebol famoso. Eu queria apenas beber outro espumante, dançar livremente, pagar a minha conta com o dinheiro que enfim tinha na carteira, pegar o carro e voltar para casa. Muitos achariam banais os meus desejos, me julgariam fútil, medíocre. Somente eu sabia o que aquilo tudo representava. E era muito mais do que alguém que desconhece minha história poderia supor.

Meia hora mais tarde, o jogador reapareceu no meu campo de visão e fez um sinal, me chamando. Eu apenas lhe sorri, sóbria e educadamente. Ele entendeu, mas antes de voltar para a área vip, seu habitat natural, fez uma cara de "Pense bem, garota". Afinal, estava "me elegendo". Eu nem precisei pensar. Dei-lhe as costas e me dirigi com convicção para a pista, onde dancei feito louca em rodas de desconhecidos.

Quando me dei por satisfeita, fui ao caixa pagar a conta, mas uma voz masculina surgiu de algum lugar dizendo que não me cobrassem nada. Não compreendi o que acontecia até ouvir a explicação do segurança em alto e bom som: "Ela tá com o R." Olhei, perplexa, para a saída e vi que o jogador também ia embora.

Fiz de tudo para manter a pose, não ter uma crise de riso e ir embora com a mesma elegância com que entrei no recinto. Podia pegar o meu carro, seguir sozinha para uma festa, beber, dançar, me divertir como nunca, podia esnobar o jogador famoso e ainda sair sem pagar a conta. A imagem da mulher independente tinha sido praticamente alcançada. E agora eu conhecia o meu potencial. Sabia que aquilo era possível, que eu tinha chegado lá. O passado não importava mais. Pelo menos durante uma noite da minha vida.

PARTE I

A Bela Adormecida

Claudete Cruzeta Scheffer enrolava docinhos para a festa de 15 anos de sua irmã mais nova quando começou a sentir as contrações. Tudo aconteceu de repente. A bolsa logo estourou e metade dos convidados correu para o hospital.

Estamos no final da tarde de 10 de março de 1979, em uma cidadezinha do oeste de Santa Catarina chamada Campo Erê. Mais alguns passos, você chega ao Paraná. Algumas horas depois viria ao mundo um bebê enorme. Peso: quatro quilos. Nome: Siluandra.

Claudete tinha apenas 19 anos. O marido, Leomir, 22. Não fazia muito que haviam se casado, mas naquela época era assim mesmo. Um casamento que não resultasse logo em filhos era exceção à regra. Ela fora criada para ser dona de casa, esposa e mãe, por isso não frequentou a escola. Ele trabalhava como frentista de um posto de gasolina. Dois jovens que não sabiam nada sobre a vida: meus pais.

Os dois faziam parte de uma geração de casamentos prematuros, muitas vezes difíceis de justificar em outros termos além da conformidade com a tradição, com o que era "certo de se fazer". Enquanto hoje qualquer garota de 12 anos já namora muito e muitos, naquele tempo namorava-se pouco e poucos (de preferência, apenas um), e o casamento era o único horizonte possível para uma jovem criada no interior.

Naquela noite de março vim ao mundo ocupando espaço: todos se impressionavam com meu tamanho. Mas na casa simples onde morei até o primeiro ano de vida não havia sequer um berço para me receber. Portanto, minha amiga, esqueça tudo o que sabe sobre lindos quartos coloridos, repletos de brinquedos e bichinhos.

Meus pais, como grande parte dos casais que se constituíam cedo, não tinham condições materiais para formar família e sustentar a casa. Porém, tudo "se ajeitava". Ou pelo menos se pensava assim. Acho que a ideia predominante sobre o que seria a tal felicidade conjugal era muito diferente: bastava ter um teto, comida na mesa, o que vestir e filhos para criar. Nesse sentido, até que eles iam bem.

Fui batizada aos quatro meses. Por incrível que pareça, de vez em quando me vêm alguns flashes dessa época, como minha mãe me dando banho na cozinha, dentro de uma bacia, e me entregando para minha madrinha. Um fogão a lenha e um cachorro amarrado à porta. Uma casa quieta, onde se ria pouco e se trabalhava muito.

Então foi a vez de Alessandra, a segunda filha. Minha irmãzinha. O silêncio ia sendo pouco a pouco substituído pelos ecos das discussões entre meus pais e as lágrimas da minha mãe.

Até o dia em que uma kombi estacionou diante da nossa casa. Dentro dela estava meu avô materno, Deomar. Tínhamos tão poucas coisas que não foi preciso mais que uma mala.

Viajamos cerca de oito horas até chegar em Palhoça, uma cidadezinha nos arredores de Florianópolis. Eu no colo de minha mãe, e aos seus pés Alessandra, que, tão pequena, coube numa caixa de sapatos. Meu pai ficou para trás. Não me lembro de termos nos despedido.

Em Palhoça, nos instalamos na casa do avô. Ele, um homem alto e forte, sério mas capaz de atos carinhosos, fabricava embutidos que vendia num pequeno armazém no mesmo terreno em que fomos morar. Minha avó Alba, baixinha, gordinha e rabugenta, era quem tomava conta dos "negócios" da família. Mesmo sendo analfabeta, sabia ganhar dinheiro como poucos e tinha horror a gastá-lo.

Algum tempo depois, meu pai reapareceu e ficou. Passou a trabalhar como caminhoneiro e depois, motorista de ônibus. Logo surgiria uma meia-água lá mesmo, num pedacinho de terreno que meus avós nos cederam. Não tínhamos armário, nossas roupas eram guardadas numa gaveta solta. Ao lado da cozinha, ficava o banheiro onde os sapos do quintal gostavam de se hospedar. A geladeira, que não cabia na cozinha, ficava na sala. Dentro dela, sempre o mínimo.

Televisão, só uns seis anos mais tarde. Brinquedos, quase nenhum. Mas não pense que eu sofria com isso. Quase todo mundo ao redor tinha uma realidade parecida. E eu sabia encontrar maneiras de me divertir.

Para me fazer feliz, era só me dar um bicho para cuidar. Sempre havia um cachorro e um gatinho perdidos pela rua que dava um jeito de adotar, e os passarinhos que viviam livres e pousavam nas nossas árvores que eu perseguia pelo quintal. Até as joaninhas coloridas que viviam no pátio da escola. Um dia guardei dezenas delas dentro da merendeira e levei para casa.

Vivia metida entre as galinhas dos vizinhos ou com Cravinho, o porco que minha avó criava e eu fazia de conta que era meu. Juntava pessoalmente todos os restos do almoço numa panela grande, subia numa árvore e despejava tudo para o Cravinho comer. Minha irmã me seguia, mas, mal começava a subir, começava a gritar:

– As chumiguinhas! As chumiguinhas!

Ela tinha pavor de formigas. Eu, uma moleca hábil na arte de escalar, a encorajava e logo estávamos as duas fascinadas com os lambuzos do Seu Cravinho – como se assistir a um porco chafurdar entre os restos do almoço fosse um espetáculo maravilhoso, algo que valia, inclusive, que Alessandra enfrentasse as temíveis "chumiguinhas". Para nós, era exatamente isso.

Mas o espetáculo não duraria muito tempo. Meu avô fabricava linguiças e Cravinho, embora fosse honorariamente meu, não deixava de ser um porco. Não demorou até que minha mãe me mandasse passar o dia na casa de uma amiga, e, na volta, eu encontrasse o chiqueiro vazio. Quando soube da verdade, fiquei arrasada, me senti traída, mas ninguém deu muita importância.

Certa vez, meu pai me presenteou com meia dúzia de filhotinhos de patos, que passei a criar como filhos. O problema era que, apesar de ter ele próprio comprado os patinhos, ficava irritadíssimo com a sujeira que faziam ou poderiam fazer e vivia ameaçando dar ou vender os bichinhos caso eu não cuidasse de tudo com a dedicação de um soldado.

Eu redobrava a vigília, construía cercados para não fugirem, cavava diariamente um buraco no pátio, que enchia de água, tentando fabricar um lago que, apesar dos meus esforços, sempre secava. Um dia acordei às sete da manhã com meu pai dizendo que os patos tinham fugido. Corri para a rua debaixo de chuva e só encontrei um deles.

Esse pato viveu conosco até ficar adulto e só deixei que morasse na casa de um vizinho quando ele me jurou que jamais o mataria. Na volta da escola, sempre passava lá para dar uma espiadinha. E continuei o visitando até que morresse. De velho.

De certa forma, brincava de boneca com minha irmãzinha. Fazia questão de carregar Alessandra por todos os lados e incluí-la nas minhas aventuras. E eu tinha uma cabeça especialmente boa para inventar coisas e aprontar. Alessandra ia na onda, mas era medrosa, estava sempre assustada com tudo.

– Eu não pode! Eu não pode! – ela sempre repetia.

E eu tinha o meu lugar secreto e mágico: o terreno baldio que ficava nos fundos do nosso quintal. Lá passei os melhores momentos da minha infância. Sempre que possível, fazia expedições exploratórias e encontrava mil coisas para brincar. Adorava quando podia colher as abóboras que minha mãe plantava ali (com quem eu conversava como se fossem gente – primeiro bebês, depois crianças que eu via virarem adultos), os chuchus e as frutas que caíam dos pomares e das plantações de um vizinho.

Nunca passamos fome, mas tínhamos sempre pouca comida dentro de casa. No café da manhã, invariavelmente, comíamos o pão que minha mãe fazia, meio duro e seco, manteiga, café e leite. Feijão e massa no almoço e no jantar. Refrigerante, ou "gasosa", como chamávamos, apenas um copo aos domingos. Carne era coisa rara. De peixe, conhecíamos mais do cheiro que vinha da casa de um vizinho.

Quando era dia de churrasco ou peixada, minha irmã e eu ficávamos tão excitadas que nossa mãe fechava a janela: "Para os vizinhos não pensarem que vocês estão querendo ser convidadas."

Ela podia não saber ler nem escrever, falava errado, mas tinha uma educação de duquesa quando o assunto era não perturbar os outros.

À tarde, sempre dávamos um jeito de fugir para lanchar na casa de amiguinhas e vizinhas quituteiras. Nada mais justo: como lanche da tarde era coisa impensável na nossa casa, íamos à luta. Alessandra, então, essa se vendia por qualquer pastel de banana ou bolinho de chuva.

Talvez essa vida de tardes livres tenha deixado meus pais preocupados. Um dia me comunicaram que eu começaria a ajudar meus avós. Eu tinha 7 anos. Pela manhã, ia para a escola. Ao meio-dia almoçava, lavava a louça, brincava alguns minutos e corria para o mercadinho.

Minhas tarefas eram basicamente entregar compras na vizinhança de bicicleta, cuidar da limpeza geral, limpar e selecionar frutas, legumes e verduras que estivessem estragados ou impróprios para consumo dos clientes. Essa seleção, para ser mais precisa, implicava três possibilidades: o que estava bom ficava no armazém; o que estava muito estragado ia para o lixo; e o que estava entre uma coisa e outra eu levava para casa. Tudo que não estivesse completamente estragado era usado nas nossas refeições.

Nunca questionei o fato de comermos os restos do mercadinho. Muito pelo contrário, ficava até contente quando conseguia juntar um volume bom para levar para casa, como se aquilo tudo não passasse de uma gincana da qual eu voltava vitoriosa.

Também nunca questionei a decisão dos meus pais de me mandarem trabalhar tão cedo. Eu era uma criança responsável, procurava cumprir com o máximo de zelo qualquer coisa que um adulto me solicitasse.

Minha avó apontava para o chão e eu corria para buscar o balde e a vassoura; me entregava os pacotes de compras, e eu corria para apanhar a bicicleta e saía cantarolando para fazer a entrega. Poucas vezes encarei a jornada diária com sofrimento ou rebeldia: a gata borralheira em pessoa.

Se me aborrecia, era porque sentia que minha avó desconfiava de mim. Embora não soubesse ler, Alba sabia exatamente quanto custava cada mercadoria e quanto valia cada centavo com que lhe pagavam. Talvez por se sentir insegura, quando eu tentava ajudá-la numa conta, por exemplo, agia como se aquilo fosse muito suspeito. Para mim, ela podia ser carrancuda, rabugenta, sovina, mas sua desconfiança era o que realmente me magoava.

Na escola, eu costumava ser uma boa aluna. E se não tinha mais as tardes livres, tratava de aproveitar ao máximo as horas de intervalo entre a escola e o mercadinho, quando podia perambular pela vizinhança. Aos domingos, abria a janela do meu quarto que dava para o terreno baldio e suspirava de alegria. Aquele era meu parque de diversões!

Entre as coisas que os vizinhos jogavam fora, encontrava pequenos tesouros: mesmo uma tampinha à toa, um boneco sem cabeça, um pano sujo, tudo era aproveitado. Como não tinha pipa ou balão, amarrava um saco plástico com um barbante comprido e corria com ele contra o vento e achava o suprassumo da beleza.

Quando criança, lembro de ter ido ao shopping uma única vez com meu pai. Fiquei extremamente impressionada com aquele lugar, tão diferente de tudo o que eu já tinha visto na vida. Meu objeto de desejo na época era um disco dos Trapalhões. Meu pai disse que não podia comprar o disco e me ofereceu um sorvete como consolo. Alessandra, mais esperta e vendida, logo aceitou a troca. Eu não. Naquela noite, adoeci. Febril, delirava e pedia o sorvete que tinha dispensado.

Casa nova, vida velha

Eu tinha 9 anos quando nos mudamos para São José, uma cidade maior, próxima a Palhoça e colada a Florianópolis. Meu pai agora era motorista de uma grande empresa de ônibus catarinense. Vieram dias de fartura. Principalmente levando em conta a penúria que conhecíamos até aquele momento.

E foi nessa nova vizinhança que comecei a ter alguma consciência da minha imagem e de alguns problemas que antes podia ignorar com facilidade. Por exemplo: assim como minha mãe, eu falava muito errado. Expressões como "nós fumo", que passavam despercebidas em Palhoça, destoavam no novo bairro. Meus atentados contra a língua eram logo detectados e apontados, assim como o fato de eu viver sempre um pouco descabelada e maltrapilha.

Mas nada disso costumava ser agressivo ou gerava algum conflito mais sério. Ser corrigida era até um avanço.

Porém, dentro de casa, continuávamos seguindo os mesmos parâmetros de sempre. Não tínhamos qualquer vaidade, e nosso único luxo era uma roupinha "domingueira" – que servia para ir à missa, festinhas e casamentos.

Jamais ouvi minha mãe reclamar de um problema estético, dizer que estava mais gorda ou mais magra, que meus cabelos estavam bonitos ou feios, que falar assim era errado ou correto, e que determinadas palavras não deveriam ser usadas. "Educação" era sinônimo de respeito e obediência aos mais velhos e disposição para fazer tudo o que nos pedissem.

Minha mãe costumava me ensinar que era o trabalho que dignificava a pessoa. Como também pouco sabia sobre o mundo, pouco me ensinou a respeito dele. Conhecia apenas uma linha de conduta: a dos nossos pais. Fui criada e não educada, mesmo que eles pensassem que estavam cumprindo seu papel. A lógica era "nasceu, tem que dar comida, vestir e ensinar a trabalhar". Assim, simplesmente fui crescendo. Não era uma escolha consciente – vivia como podia viver e não planejava nada para o futuro.

Estranhamente, apesar do desleixo comigo mesma, eu já demonstrava uma espécie de senso estético nas minhas brincadeiras. Desde sempre fora assim. Minhas casinhas improvisadas com as quinquilharias dos vizinhos eram impecáveis e organizadas. Mesmo o que fosse quebrado e velho, aos meus olhos ganhava novas formas e cores. Em minha perspectiva, tudo podia ficar melhor do que era.

Agora eu já não dispunha de um terreno baldio nos fundos da casa para fugir e inventar meu próprio mundo. Mas tinha um mundo novo e uma Silu nova por descobrir.

O primeiro sutiã a gente nunca esquece

Meu corpo se desenvolveu cedo, como se conspirasse para que eu não pudesse ser criança por muito tempo. Aos 8 anos, enquanto minhas colegas da escola ainda eram lisas feito tábua, meus seios começaram a dar sinal de vida. Por ser a única da sala de aula a aparecer com esse tipo de novidade, logo fui notada. No começo, para mim, aquele corpo que crescia e me fazia diferente das outras era uma aberração.

A camiseta do uniforme, levemente transparente, insinuava as formas que despontavam e me envergonhavam mais a cada dia. Eu não queria ser diferente. A diferença exigia uma coragem e um amor próprio que eu desconhecia. Quando não se tem muito amor por si mesma, a melhor opção é não se destacar de jeito algum, ficar às sombras.

Certo dia falei com minha mãe a respeito. Ela me chamou de boba, disse que aquilo era normal, que eu deixasse de besteira. Baixei a cabeça e obedeci.

Felizmente, há quase um século, uma garota americana muito mais esperta se arrumava para uma festa quando percebeu que o espartilho, além de sufocá-la, também marcava seu lindo vestido. Mary Jacob, que provavelmente não cogitou baixar a cabeça e mudar o modelito da noite, não se fez de rogada. Abriu o armário, pegou dois lenços, pediu à criada que providenciasse uma fita e um cordão. A mágica logo estaria feita.

Já no Mundo Antigo, mulheres egípcias, gregas e romanas se viravam como podiam para lutar contra a maldita lei da gravidade. Mas foi depois do impulso de Mary que o sutiã começou a ganhar adeptas fiéis, status e sofisticação. Formas, cores, tecidos, texturas: a peça logo se tornou elemento-chave não apenas para o conforto, mas, sobretudo, para o imaginário sensual feminino. E, claro, masculino.

O fato é que Mary não podia imaginar que numa tarde de 1988, na cidadezinha de São José, em Santa Catarina, sua criação causaria tamanho alvoroço na vida de uma garotinha chamada Siluandra.

Um dia minha avó me entregou um pequeno pacote de presente. O único que me lembro ter ganhado dela. "Mas nem é meu aniversário!" Abri com afobação, já que receber presentes era coisa rara. "Uma bonequinha de pano?! Uma blusinha nova?"

Lá estava ele: meu primeiro sutiã.

Não foi exatamente amor à primeira vista. No começo, estranhei um pouco aquele objeto que se parecia demais com as roupas de baixo que a avó Alba usava e eu às vezes ajudava a pendurar no varal.

Era uma espécie de triângulo com alças. Enorme, desajeitado e insipidamente bege. Evidente que aquilo não tinha sido feito para enfeitar ninguém, mas para cumprir uma missão: esconder o que precisava ser escondido.

Depois do primeiro impacto, e como também não tinha nenhum parâmetro, minha mãe estava longe de usar rendas e sedas, logo comecei a achar aquilo tudo muito emocionante.

O mesmo se podia dizer das minhas colegas de classe. No banheiro, na hora do recreio, enquanto uma menina vigiava a porta, as outras se posicionavam para me ver levantar orgulhosamente a blusa e mostrar o sutiã, como se aquele objeto representasse o bilhete de entrada para um futuro misterioso. E eu me exibia com orgulho diante dos olhares admirados das que ainda não tinham chegado lá.

Nossa relação foi duradoura. Por muitos anos aquele arremedo medonho de lingerie me acompanhou e me aliviou do massacre de um corpo que parecia que nunca pararia de crescer.

À medida que foi ficando puído e os peitos vizinhos também cresceram, é claro que perdeu um pouco o glamour dos primeiros dias. Mas permanecemos juntos, com remendos e desgastes, até que um novo teve que substituí-lo – cinco anos depois. Logo eu aprenderia que em muitos aspectos, a vida também seria assim.

Incomodada ficava a sua avó, e eu também

São José foi palco de outras transformações. Minha primeira menstruação, ou "incômodo", como diziam minha mãe e minha avó, também chegou logo depois da nossa mudança.

Para a maioria das meninas esse início é de fato incômodo e atordoante. No meu caso, a precocidade e a ignorância trataram de entornar ainda mais o caldo.

Era uma tarde de sábado. Eu brincava com as novas amigas da rua quando senti uma cólica muito forte. Pensei que fosse dor de barriga. No banheiro, notei que um filete de sangue escorria entre minhas pernas. Entrei em pânico. Procurei um corte, um arranhão, algo que justificasse o sangramento, mas nada encontrei. Então corri para casa, aos prantos, achando que iria morrer.

Minha mãe, que tirava uma soneca e acordou com meus gritos, também não estava preparada para aquilo. Na verdade, ela não soube muito o que fazer ou dizer.

Resignou-se a abrir o armário, tirar de lá um pacote misterioso e dizer:

– Silu, agora você é mocinha.

Com aquele objeto estranho e gigantesco entre as mãos, senti uma tristeza indescritível.

– Mas, mãe, quer dizer que agora não posso mais brincar de boneca?

Ela estava tão atrapalhada quanto eu. Embora meu corpo insistisse em se apressar, eu continuava sendo apenas uma menininha. E essa menina sofreu terrivelmente quando ouviu sua mãe dizer que não, "uma mocinha não brinca mais de boneca".

Ela não entrou em detalhes, apenas me explicou do seu jeito como deveria usar o absorvente e voltou para seus afazeres.

Eu não fazia ideia que, desde a Antiguidade, as mulheres se ocupam em disfarçar seu "incômodo". Canudinhos de papiro, papel, chumaços de lã, de algodão, rolinhos de grama, retalhos, até as famigeradas "toalhinhas higiênicas", que via, intrigada, minha mãe lavar todos os meses – valia tudo para não ter de ficar presa numa oca afastada até a natureza fazer sua parte. Ou seja, até o mês seguinte. E pensar que absorvente, mais ou menos como conhecemos hoje, só apareceu lá pelos anos 1970 – em pleno século XX. Ou seja, foi preciso muita paciência. Enfim, se mulheres de todos os lugares em todos os tempos passaram por isso, não seria diferente comigo.

Mas por que tinha de ser tão cedo?

A pergunta ficou sem resposta. Se apareciam dúvidas e minha mãe tivesse algo a dizer, ela falava. Quando se via encurralada, simplesmente encerrava o assunto. Nem era má vontade: ela não tinha muito mais a oferecer.

Eu, com aquele volume descomunal entre as pernas, triste e contrariada, voltei para a rua andando torto e não quis comentar o fato. Quando resolvi saber mais detalhes sobre o que estava acontecendo, minha mãe disse que as mocinhas tinham o tal "incômodo" todos os meses, até que ficassem velhas. Para mim aquilo soou como uma condenação.

Tentei me concentrar no meu último dia de criança, enquanto ainda poderia brincar. Entretanto, nem meia hora depois, fui novamente ao mesmo banheiro, para onde voltei inúmeras vezes àquela tarde, até esvaziar o pacote de absorventes.

Ficava injuriada quando minha mãe contava para alguma tia ou amiga que eu tinha "virado mocinha". Se ela espalhasse a notícia, eu nunca mais ia poder brincar sem receber um olhar de desaprovação.

No mês seguinte, esperei resignada a chegada do martírio. E nada. Demorou quase um ano para que a menstruação voltasse. Eu, de minha parte, fiquei muito satisfeita, considerando que, se não estava sangrando, não precisava mais ser mocinha e estava livre para ser criança. Mesmo que ser criança significasse trabalhar no mercadinho, ajudar com as louças, a limpeza da casa e... nos intervalos, por mínimos que fossem, brincar.

Só muito tempo depois, já adulta, me dei conta que o olhar de minha mãe mudou durante o recesso dessa suposta passagem para o mundo adulto. Temerária, algumas vezes me fazia perguntas estranhas, enquanto redobrava o cuidado sobre meus passos – de onde eu vinha, para onde eu iria, e com quem – como se houvesse alguma coisa suspeita na minha vida.

A tudo, como de costume, eu respondia com toda a franqueza, sem nada questionar, sem nada entender. Fazia alguma coisa errada? Mas o quê? Algo como pegar chuchu do pé do vizinho? Pular cercas e esfolar os joelhos? Encorajar minha irmãzinha a subir em árvores e alimentar o porco comigo? O que mais uma menina como eu poderia ter feito de criminoso?

Eu, realmente, não compreendia. E imagino que ela tenha sofrido um bocado com essas suspeitas. Para minha mãe, uma mulher só parava de menstruar quando estava grávida. Na época eu não podia imaginar que ela, em sua ignorância sobre a fisiologia feminina, cogitasse que eu, que só queria brincar, cuidar do meu porco, ver as abóboras crescerem, roubar os chuchus da vizinha (mas só os que caíam em nosso quintal!), e não fazia ideia de que existia essa coisa chamada sexo, pudesse estar esperando um bebê.

Aliás, isso só poderia ter acontecido muitos anos depois.

O acidente

Eu já tinha peitos, um sutiã, fora apresentada ao incomodado mundo das mocinhas, descobria que falar "ingreja" não era exatamente uma coisa legal, e que deveria passar o pente nos cabelos pelo menos uma vez ao dia. Enfim, estava crescendo.

Alessandra e eu ganhamos camas e um quarto mobiliado. Na sala, agora havia uma televisão em cores. Na garagem, um carro a que meu pai era devotado. Quando as coisas começavam a engrenar, uma fatalidade terrível recaiu sobre todos nós.

Meu pai se envolveu num acidente de estrada que resultou na morte de uma família inteira. Quando se deu conta da extensão da tragédia, correu desesperadamente em busca de socorro.

Assim que conseguiu chegar a um telefone, muitos quilômetros adiante, instantaneamente perdeu os movimentos das pernas. Os médicos não encontravam uma causa física para a paralisia. Não havia, portanto, nenhuma explicação plausível. Seu mal, diziam, podia ser psicológico ou, segundo alguns, espiritual. O trauma roubou suas forças e nossas economias.

A família entrou em colapso e agora também havia um terceiro Scheffer a caminho. Pior, uma gravidez diagnosticada como de risco. Do terceiro ao sétimo mês de gestação minha mãe ficou internada no hospital.

E no sétimo mês deu à luz Miguel. Pequeno e frágil demais, meu irmãozinho permaneceu numa incubadora, na maternidade, os cinco meses seguintes. Nesses cinco meses, impreterivelmente, minha mãe acordava, preparava o café da manhã e regressava para o hospital.

Da mesma forma, depois do acidente, meu pai continuou imóvel sobre uma cama por quase um ano. Meus avós e tios estavam ocupados trabalhando. Alguém precisava tomar conta de tudo.

Com apenas 11 anos as responsabilidades sobre a casa, meu pai doente e minha irmã caçula recaíram sobre mim. Eu fazia comida, limpava e arrumava a casa, cuidava de Alessandra, lavava e passava as roupas e ainda tentava estudar. De alguma forma já havia me acostumado a ser "mocinha" antes da hora.

Na época, lembro de ouvir com curiosidade e espanto as conversas sobre um tal padre de outra cidadezinha que curava as pessoas, mesmo de doenças sérias. Meu pai acabou sendo levado para lá e depois de uma "cirurgia espiritual", coisa que não fazia ideia do que poderia ser, voltou para casa andando.

Mas custou até que conseguisse se firmar outra vez numa profissão. Minha mãe e Miguel também voltaram com saúde para casa, mas havia mais bocas para sustentar e menos dinheiro do que nunca. Sem estudo e outras qualificações, restou à minha mãe trabalhar como doméstica. E a mim, que então tinha 13 anos, como babá-doméstica de uma família rica de Florianópolis.

Ainda hoje me lembro da primeira vez que entrei no apartamento dos Garcia, num bairro luxuoso de Florianópolis. Nunca havia pisado numa casa grande e refinada como aquela. Os dois meninos, um com poucos meses e o outro com cerca de 3 anos, mal davam conta de todos seus brinquedos e tinham um enorme salão praticamente vazio onde podiam brincar livremente dentro do apartamento.

No entanto, mais que os brinquedos e o conforto, o que me impressionava e divertia tremendamente era a comida disponível. A geladeira estava sempre cheia, farta de coisas gostosas. E havia um armário onde eram guardados doces e biscoitos de todos os tipos imagináveis.

Pela manhã, cuidava dos meninos, o que incluía brincar, dar banho, cozinhar e alimentá-los. À tarde, quando o mais velho ia para a escola, eu lavava e passava suas roupas e, se sobrasse tempo, também ajudava nas outras tarefas domésticas.

Para não abandonar os estudos, me matriculei em uma escola noturna. Mas estava cada vez mais difícil dar conta de tantas responsabilidades. Como acordava muito cedo para pegar o ônibus para o trabalho, chegava à escola sonolenta. Minhas notas, por consequência, caíram vertiginosamente.

No final do ano fui reprovada por poucos pontos. Nenhum professor jamais questionou se a exaustão estava interferindo em meu rendimento.

Aos finais de semana dormia no emprego. Quase não via mais minha família. E quando, frustrada, anunciei que pararia de estudar, não encontrei nenhuma resistência. Para os meus pais o importante seria sempre o trabalho.

Por esse trabalho, recebia meio salário mínimo. E a maior parte dele entregava para meu pai, porque, segundo ele, precisava ajudar nas contas da casa. Aliás, como eu trabalhava, meu pai determinou também que eu comprasse tudo o que fosse do meu uso pessoal: sabonete, xampu e até o papel higiênico.

Seu comportamento em relação a mim havia mudado. De um momento para o outro, nada que eu fizesse lhe parecia satisfatório. Vivia constantemente sob uma nuvem de críticas e olhares repressores. Sua aprovação tornou-se inatingível. E eu continuava não me queixando, mas algo dentro de mim se turvava mais e mais a cada dia.

Apeguei-me aos meninos que cuidava. Estar com eles me proporcionava momentos de encantamento em meio àquele mar de obrigações. O conflito mais uma vez surgiu por causa da minha aparência.

As roupas que eu usava eram velhas. Isso incomodava meus patrões, sobretudo quando tinham de me levar aos restaurantes e eventos que frequentavam para eu cuidar das crianças. Meu linguajar matuto também não ajudava. Logo eles começaram a ter receio de que as crianças aprendessem a falar errado por influência minha. Não os condeno por isso.

Para piorar a situação, comecei a desenvolver uma espécie de urticária nervosa que cobria meus braços de feridas. O dono da casa, que era médico, sugeriu que eu estivesse com sarna. Em vez de um diagnóstico e remédios, me mandou usar mangas compridas.

Algum tempo depois fui demitida. Nova explosão de meu pai. Para ele, a demissão apenas provava que eu não fazia nada direito.

Mas, em seguida, consegui um emprego como secretária num escritório de contabilidade, onde também não permaneci por muito tempo. As explosões de meu pai com minha aparente falta de habilidade para tudo, misturadas àquelas causadas pelas brigas entre ele e minha mãe, que agora eram ainda mais frequentes, foram perdendo o efeito avassalador que antes tinham sobre mim. Eu finalmente me tornava a mocinha que meu corpo queria que eu fosse desde os 9 anos. Secretamente comecei a quebrar as regras.

Beijar engravida?!

Ao me comunicar que beijar na boca engravidava, o recado de minha mãe estava dado: uma espécie de "não é bom nem começar a pensar no assunto, minha filha". Fiquei ali, espantadíssima, olhando para ela, que continuou a lavar a louça como se tivesse me dito que o fogo era quente e o gelo frio. Esperei que desenvolvesse um pouco o assunto, mas ela continuou impassível. Repeti a pergunta e a resposta veio idêntica.

– Isso mesmo, Silu, beijar também engravida.

Aos 13 anos não costumava colocar em dúvida o que meus pais diziam. Mas se era mesmo verdade, como aquela beijação entre os mocinhos e as mocinhas das novelas e dos filmes não resultava em dezenas de filhos esparramados pelo mundo? Aliás, minha mãe devia me proibir de ver novelas para não cair em tentação.

Embora nunca se demorasse em explicações, de vez em quando ela me apresentava para essas superstições, talvez acreditando que me manteria longe de algumas desgraças evitáveis: tomar banho com a barriga cheia dá congestão; comer manga com leite mata; apontar para a lua dá verruga na mão; beijar engravida.

Entendendo que não conseguiria mais nada dali, guardei a dúvida para Bia, minha melhor amiga na época. Armada com sua coleção de revistas *Capricho*, Bia tinha respostas para todas as perguntas que uma menina podia pensar em fazer. Não que eu duvidasse da palavra da minha mãe. Até aquele momento, tudo o que ela ensinava eu aceitava sem qualquer cisco de desconfiança. Mas dessa vez, achei que precisava confirmar.

– Deixa de ser boba, Silu. A tua mãe está querendo te pegar pelo ouvido!

Bia era, na verdade, tão boba quanto eu. Relembrando hoje como pensávamos e o que dizíamos, nossa ingenuidade parece quase improvável. Para meninas como nós, o mundo era do tamanho do nosso bairro e o Universo tão grande quanto Florianópolis. Não tínhamos noção sobre nossa classe social, o que nos faltava, a precariedade com que vivíamos ou de que houvesse tanta desigualdade no mundo, para melhor e para pior.

Vivíamos dentro de uma espécie de redoma de ignorância. Não digo que a realidade não nos afetava: apenas não sabíamos de onde vinham os golpes e não desconfiávamos que nossas vidas pudessem ser diferentes das demais. A mesma névoa valia para o misterioso território dos meninos e das coisas do coração. Isso antes de *Capricho* aparecer em nossas vidas.

Não sei exatamente como o assunto começou. Tampouco fazia parte da rotina de casa falar sobre esse tipo de assunto. Acontece que eu, a boca virgem da turma, tinha finalmente dado o primeiro beijo. Ou melhor, tinha finalmente quase dado o primeiro beijo. E isso já foi motivo de alerta para a Dona Claudete.

Meu percurso amoroso, até então, não tinha sido nenhum mar de rosas. Durante anos fui apaixonada por Gabriel, de longe o rapaz mais bonito do bairro, três anos mais velho que eu. Gabriel, por sua vez, namorava firme com Ana, que, obviamente, eu achava chata, feia e magricela. Embora os atributos físicos não fossem seu forte, Ana, ao contrário de mim, era descolada, esperta. Gabriel me achava uma interiorana matuta, e tinha razão. Eu falava errado, era pavorosamente tímida, não sabia o que fazer com meu corpo, não sabia nada da vida e não dava sinais de que viria a saber.

Minha mãe sempre foi uma mulher simples, de poucas palavras e muitas ocupações com a casa – quando cuidava apenas da nossa casa, e com as dos outros, quando precisou trabalhar como doméstica. A mesma simplicidade conduziu nossa educação. Tal qual minha avó, nunca aprendeu a ler ou escrever. Mas sempre nos instruiu sobre o valor do trabalho, da honestidade, e jamais fez qualquer observação que nos induzisse a fazer diferença entre as pessoas.

Ao seu modo, era uma mulher prática. Quando tive piolhos, por exemplo, não hesitou em me levar ao barbeiro e mandar cortar meus cabelos compridos e loiros, até ficarem curtos como os de um menino. Chorei desconsolada, e quando cheguei diante da porta do armazém da minha avó, ela, lá de dentro, perguntou:

– Quem é esse menino que está chorando?

Chorei com mais força ainda. Mas, para minha mãe, continuava igualzinha.

Na nossa casa, não fazia diferença ser bonito ou feio. Esse assunto, aliás, nunca integrou o repertório dos Scheffer. Tínhamos somente a obrigação de saber o que era certo e o que era errado. O certo e o errado dos Scheffer, claro. Esses, sim, foram conceitos vivos e presentes desde que consigo me lembrar. E uma mocinha de 13 anos pretendendo beijar na boca certamente estava na lista das coisas erradas e proibidas da minha mãe. O problema é que quando se tem 13 anos, a tentação de experimentar as novidades da vida pode levar a melhor entre as boas meninas a criar asas e mudar o plano de voo. Mesmo matuta e medrosa, eu não via a hora de sair um pouquinho da linha.

Na mesma vizinhança, havia um voluntário muito disposto a resolver meu grave problema de virgindade bucal. Cristiano era o garoto mais insuportável da rua, aquele que ficaria em último lugar na minha lista de prioridades. A cada abordagem frustrada, ele respondia com a mesma delicadeza que lhe era peculiar:

– Se não for comigo, vai ser com quem, Silu? Ninguém mais vai querer.

Eu resistia bravamente. Como o namoro de Gabriel seguiu firme, meu coração resolveu ser mais maleável em suas preferências e logo encontrou um novo alvo na escola: Murilo.

Começaram então as negociações. De um lado, minhas amigas intermediando, sondando sobre uma possível correspondência, verificando as ameaças da concorrência. Do outro, ele: bonitinho, popular e galinha, distribuindo esperanças para mim e para meia dúzia de garotas na mesma semana. Mas minhas amigas eram boas alcoviteiras e logo ficou acertado que o fulano me daria o privilégio de sua companhia na próxima festinha da turma.

Dias depois, lá estava eu diante do espelho do quarto dos meus pais, dentro de um imenso blazer preto com imensas ombreiras, de longe a peça mais chique do guarda-roupa da minha mãe, uma bermuda desengonçada, meia-calça preta e o cabelo ruim de sempre. Logo na chegada, o comitê diplomático tratou de se certificar que estava tudo certo para a missão da noite. Meu mais novo grande amor não parecia tão convencido quanto eu de que éramos perfeitos um para o outro e estava querendo ficar com outra menina. Meu eleitorado se mobilizou e ele concordou em dançar comigo. De qualquer forma, pediu que eu esperasse, pois logo daria a graça da sua companhia e me chamaria para dançar. Como não me restava outra opção, fiquei ali imóvel esperando o príncipe encantado que tinha mais o que fazer além de dar o beijo de despertar da princesinha Silu.

A garagem meio escura, música lenta, meninos de um lado, meninas de outro, uma mesa com refrigerante e salgadinhos num canto eram os ingredientes necessários para o início de um romance naquela época. Casais eram feitos e desfeitos entre o começo e o fim de "Spending my Time", nesse mesmo cenário, festa após festa.

Enquanto o príncipe se aproximava, as garotas me cutucavam sem qualquer discrição. Discrição, aliás, era um conceito desconhecido por todas nós.

E tudo aconteceu em poucos minutos. Ele me convidou para dançar com um aceno sem graça, eu aceitei, morta de vergonha e medo, andamos até o centro da pista, ou melhor, até o meio da garagem, minhas mãos foram parar em seus ombros, as dele, em volta da minha cintura, um passinho pra cá, um passinho pra lá, seus lábios se aproximaram e... Eu, num acesso de nervosismo, dei-lhe um selinho e fechei a boca, como uma criança diante de uma colherada de chuchu. Murilo, não entendendo nada, e sem grandes motivações para querer entender alguma coisa, me retribuiu com um não menos insípido beijo na testa e me abandonou antes que a música terminasse e o romance começasse.

Sofri dramaticamente por várias semanas. Além da rejeição pública, o quase beijo – o tão esperado beijo na boca mais uma vez adiado. Inconsolável, passei um bom tempo sem festas, aposentei o blazer e as ombreiras e tentei me conformar com meu destino de boca virgem da turma.

Não imaginava que a solução para a minha sina estava tão próxima, e seria desprovida de qualquer romantismo.

Num final de tarde, na calçada em frente à casa de algum vizinho, Cristiano voltou a entrar em ação. Dessa vez, foi rápido e preciso, não tive sequer tempo de protestar. Depois do bote dado, tive de aturá-lo com um sorrisinho vitorioso e maligno, por muito tempo:

– Eu não disse que só podia ser comigo, Silu?!

Minha primeira sessão de maquiagem

A semana inteira, Dani não falou de outra coisa: a festa que aconteceria na casa de uma fulana no sábado seguinte era im-per-dí-vel. Mas a menina morava longe, seria preciso pegar um ônibus para ir e outro para voltar. E pior, sua festinha aconteceria à noite.

Aos 13 anos eu não podia nem sonhar em apresentar um panorama desses para meus pais sem ouvir um não como resposta. Dani, muito esperta, tinha a solução. E se eu pedisse apenas para passar a noite em sua casa?

Não era tão simples. Seria a primeira vez que isso aconteceria. Minha mãe continuava tendo horror à ideia de importunar e dar trabalho às pessoas de fora. Mas Dani foi diabolicamente convincente. Com voz melosa e olhos angelicais, caprichou na interpretação:

– Tia, minha mãe vai num baile e eu não quero ficar sozinha. A mãe da Bia já deixou ela dormir lá também. A gente vai assistir a um filme e amanhã de manhã bem cedo, depois do café, a Silu volta para casa.

O plano foi bem-sucedido. Na casa da Dani começaram os preparativos. Não era grande coisa. A mim, por exemplo, só restava colocar meu único vestido: era comprido e preto, de uma malha comunzinha, que me caía terrivelmente mal. Mas meu maior problema não estava na roupa.

Naquela época do ano fazia muito frio e, como sempre acontecia quando a temperatura baixava, elas deram o ar da sua graça: as enormes bochechas vermelhas.

– Meninas, eu não vou mais à festa.
– Como assim, Silu?!
– Com essas bochechas, eu não vou!

Elas até tentaram me convencer, mas o espelho não me deixava mudar de ideia. Como eu era muito branquinha, o vermelho nas bochechas ficava especialmente ressaltado.

Dani logo veio com outro golpe de mestre: as maquiagens da sua mãe, que a essa altura já tinha se arrumado e saído para o baile, e não poderia ajudar. Mas ela, claro, daria um jeito. Afinal, a festa era im-per-dí-vel!

– Silu, a minha mãe usa uma coisa que deixa o rosto todo lisinho, de uma cor só. Vamos procurar e passar em você!

E lá foi ela para uma expedição à gaveta de maquiagens. Aquilo não fazia parte de nossas vidas. O máximo que eu conhecia no mundo dos cosméticos era um daqueles brilhos cheirosos de criança com formato de moranguinho. Maquiagem de verdade só fui conhecer lá pelos 18 anos.

    Dani encontrou uma bisnaga, olhou, colocou um pouquinho do tal creme nas costas da mão, espalhou e pronto! Ficou tudo lisinho e de uma cor só, como ela disse que acontecia com sua mãe. Perfeito. O passo seguinte era fazer o mesmo com meu rosto.

    Ela espalhou o creme com extremo cuidado. Quando me olhei no espelho, mal podia acreditar. A pele tinha ficado completamente clarinha, sem nenhuma mancha.

    Minutos depois estávamos dentro do ônibus, a caminho da festa. Eu me olhava fascinada pelo reflexo do vidro e não entendia por que dois meninos sentados ao fundo me olhavam e riam baixinho.

– São uns garotos bobos, Silu, não dá bola. Você tá linda. Nunca te vi assim, com a pele tão perfeita.

    Acreditei. Na festa, porém, a experiência se repetiu. Muitos garotos e garotas me apontavam e riam quando eu passava. Um lado meu ficava triste, mas outro garantia que eu estava arrasando. O lado triste venceu, e logo eu quis ir embora.

    No dia seguinte o mistério foi desvendado. A mãe da Dani notou que a sua gaveta tinha sido remexida e perguntou a respeito. Dani explicou: "A Silu não queria sair com as bochechas vermelhas e eu lembrei que a senhora passava um creme que deixava o rosto todo igualzinho. Aí eu passei um pouco nela."

    Sabendo do desconhecimento da filha e, principalmente, lembrando que havia levado a base líquida na bolsa, ela ficou intrigada:

– Minha filha, me mostra o que foi que você passou na Silu?

Quando Dani mostrou a ela a bisnaga mágica, veio o susto. Dani tinha me maquiado com pomada para assadura de bumbum de bebê.

Adeus à inocência

Este não é um livro sobre tristezas. Ele fala da vitória da alegria e da coragem sobre o sofrimento. Não há nenhum outro motivo para contar a minha história além deste: mostrar que sempre é possível virar o jogo. Mesmo quando o mundo nos parece hostil e injusto, mesmo quando a vida real nos afasta dos nossos sonhos.

Durante muito tempo me perguntei se deveria falar sobre um episódio que marcou a minha infância. Se o silêncio pudesse apagar qualquer registro do que houve, jamais tocaria no assunto. Mas acho que nada é capaz de fazer alguém esquecer que foi molestado quando criança. No meu caso, aos 12 anos de idade.

Lembrar é uma forma de reviver. Mas silenciar pode ser um ato de covardia, de omissão de socorro. E quando penso que há tantas outras meninas no mundo passando por situações parecidas, muitas ainda mais jovens do que eu, me encho de coragem.

Porque é possível que, ao lerem o que escrevo, outras mulheres possam também exorcizar seus fantasmas ou abrir os olhos para os abusos que acontecem à sua volta. A possibilidade de que alguma justiça possa sobrevir da minha franqueza me faz seguir adiante.

É uma ferida que nunca cicatriza totalmente: o dia em que percebe que um adulto pode ferir você de forma tão aguda. É como se caísse o véu que cobre seu rosto e a paisagem se revelasse dura e feia. Seu olhar se modifica inteiramente.

Não tinha mais que 12 anos quando nossa família, que nunca fora estruturada, entrou em colapso completo, depois do acidente do meu pai e a gravidez de risco da minha mãe. Eu, que "virei mocinha" tão cedo, era grande e encorpada, e tinha responsabilidades de adulto, mas, na essência, continuava sendo uma menina completamente inocente.

Pelo menos até aquele sábado.

Todos os sábados depois do almoço, ficava por minha conta a tarefa de limpar a casa. Naquele, meus pais saíram por um instante e fiquei também responsável por Miguel e Alessandra. De repente alguém bateu à porta. Era um parente muito próximo, que chegava com seus filhos pequenos. Estava à procura de meu pai. Como ele voltaria em breve, o convidei para entrar e esperar. Como sempre, fui prestativa. Ofereci o vinho que meu pai guardava na geladeira. Ele aceitou.

Depois de servi-lo, pedi licença e continuei o trabalho, enquanto as outras crianças brincavam no quintal. Meu irmãozinho, no auge dos 2 anos, dava voltas ao redor da casa com seu triciclo barulhento enquanto os outros corriam e gritavam.

Posso fechar os olhos e rever cada detalhe. Eu usava um macacãozinho cor de laranja que ganhei de presente de minha mãe. Era curto e cavado, mas não me passava pela cabeça, como hoje passaria, que uma roupa assim pudesse despertar qualquer tipo de interesse, sobretudo em um adulto.

Varria o chão do quarto dos meus pais quando a porta se abriu e esse homem entrou. Antes mesmo que eu pudesse perguntar o que ele queria, me agarrou pelas costas. Num primeiro momento não entendi o que acontecia, mas logo percebi que era errado e precisava fugir. Não sabia absolutamente nada sobre sexo, jamais fora instruída a respeito – nem dentro, nem fora de casa. Encurralada, tremia, pedia que me soltasse e tentava, em vão, me desvencilhar.

Ele dizia coisas obscenas e tentava me despir enquanto eu me debatia. Gritei e lutei, mas com o barulho das crianças no lado de fora da casa, ninguém podia me ouvir. Ele era um homem grande e quanto mais eu protestava, com mais força me retinha. Enquanto isso, suas mãos percorriam meu corpo.

Comecei a me debater com uma força que desconhecia e me libertei antes que o estupro fosse consumado. Corri sem olhar para trás. E continuei correndo por mais dois quilômetros, até chegar à casa de uma amiga, Alzira.

Chorava muito e, aos soluços, desabafei com ela e sua mãe. As duas, chocadas, me consolaram e me convenceram a contar tudo aos meus pais, porque algo assim não poderia ficar impune.

Aterrorizada, não conseguia voltar para casa. Como tinha abandonado tudo e saído sem dar explicações, teria de prestar contas. Então, tarde da noite, a mãe de minha amiga me acompanhou para que eu não fosse castigada pelo sumiço.

É provável que ele estivesse bêbado e que a embriaguez tenha dado vazão a um comportamento que, sóbrio, conseguisse controlar. Mas nada no mundo é capaz de justificar um adulto que destrói a inocência de uma criança.

Minha mãe ouviu tudo num silêncio desconfiado. Perguntou se eu tinha certeza do que estava falando, mas não me ofereceu nenhum consolo. Alguns dias depois, decidiu conversar com minha avó. E minha avó falou com a esposa do tal homem. A cada nova instância daquele julgamento, a sentença foi a mesma: ou eu havia fantasiado ou provocado quem tentou me violentar. O assunto foi sumariamente encerrado.

Tenho certeza de que mais tarde minha mãe se arrependeu de sua atitude, mas o fato é que naquele momento ela optou por se omitir. Como acontece em tantas outras famílias, o medo do escândalo, das brigas e de um desajuste permanente afasta as pessoas das suas responsabilidades.

Durante muito tempo fui obrigada a conviver com esse homem, que continuava frequentando a família como se nada tivesse acontecido. Nunca mais dirigi a palavra a ele e jamais escondi meu horror: se sentasse à mesa, eu levantava; quando entrava no ambiente, eu logo saía.

Cerca de uma década depois, meu pai quis saber por que eu me recusava a ir à festa de aniversário desse homem, se todos da família iriam. Durante anos me ressenti por ele jamais ter tomado uma atitude. Nesse dia desabafei. "Não sei como o senhor pode ir a uma festa desse homem depois de tudo o que ele me fez", disse. Ele me olhou atônito: "O que ele fez com você?" Nesse momento soube que minha mãe jamais contara a meu pai o ocorrido. Foi um segredo mantido justamente entre as mulheres da família.

Meu pai, aturdido, quis fazer algo a respeito, mas era tarde demais para mim. Como uma briga poderia desfazer, dez anos depois, o mal-estar, o ressentimento e a revolta de uma violência por tanto tempo impune?

Naquela noite, ninguém da minha casa foi à festa, e meu pai, desde então, cortou relações com o homem que foi capaz de abusar de sua filha, em seu próprio quarto.

Mas o que ele me roubou jamais poderia ser recuperado.

15 anos

Este também será um capítulo curto, como devem ser as memórias tristes.

Talvez seja sina, carma, sabe-se lá. Porque se a sua chegada ao mundo interrompe a festa de 15 anos de alguém, é provável que você nunca se liberte do estigma. Tia Ivanir que o diga. Não sei quantas vezes já contou e recontou a história da bolsa da minha mãe estourando e acabando com sua festa. Apareci antes da hora e causando tumulto.

Naquele tempo e no lugar onde vivíamos, o aniversário de 15 anos de uma menina era uma data significativa, que não poderia, de forma alguma, passar em branco.

No meu caso, não haveria um baile, vestido branco, como as "mocinhas da sociedade" podiam ter, mas uma pequena festa caseira. Em quinze anos de vida, essa seria minha segunda festa de aniversário. A primeira, de que não me lembro, foi uma comemoração dupla: meu primeiro aninho e os 3 anos de um primo.

Meu pai, quando soube, se opôs duramente. Além de achar "um desperdício", não queria "molecada" dentro da sua casa. Mas minha mãe ficou do meu lado e ainda providenciou o bolo. Eu tratei de todo o resto. Era tudo muito simples, claro, mas estava radiante.

À tarde começou um movimento paralelo: meu pai tinha convidado "o seu lado da família" para um churrasco – numa espécie de festa em desagravo à minha comemoração.

Até hoje é difícil entender suas razões.

Algumas horas mais tarde, meus amigos propuseram que fôssemos todos a um barzinho. Disse que arrumaria tudo na casa e os encontraria em seguida. Duas amigas ficaram para me acompanhar.

Uma vez tudo arrumado, fui até meu pai pedir autorização para sair. Ele havia bebido a noite inteira, amargando ressentimento. Estava furioso por termos ousado contrariá-lo, fazendo uma festa à sua revelia.

Começou a gritar e a xingar. Palavras ríspidas e duras, que ganham ainda mais força por saírem da boca de um pai. Mas não foi o bastante para extravasar sua fúria. Então pegou uma vassoura que estava ao alcance e me bateu. Esse foi o seu presente.

Mágoas são entulhos desnecessários, que atrapalham nosso caminho. Nunca quis guardar ressentimentos de ninguém, principalmente de meus pais. Hoje sei que eles, assim como eu, também foram jogados cedo demais para a vida adulta. Sem recursos, educação e experiência, de repente passaram de crianças a marido, esposa e pais. Se eles tinham pouco afeto e segurança para oferecer, talvez seja porque também receberam pouco.

Hoje olho para trás e sinto em meu coração que fizeram o que lhes era possível. Não tinham mais para dar.

Anos depois desse 10 de março de 1994, meu pai me pediria perdão. Por essa noite e tantos outros dias de incompreensão e intolerância. Eu o perdoei, e tento perdoá-lo sempre.

Um percurso de privações e dificuldades não impediu que eu me tornasse a pessoa que sou hoje – cheia de defeitos, mas também de virtudes. De alguma forma intuí que deveria fazer o melhor mesmo das piores experiências.

Precisamos tentar ser melhores pais do que os nossos puderam ser, os melhores amigos de nossos amigos, os melhores amantes de nossos amores. As tristezas existem para serem ultrapassadas. Não podem jamais ter mais força que nós mesmos.

Prometo que nunca mais faço de novo

Embora namorasse Moisés a sério, sexo não era assunto que me despertava o interesse. Falávamos de amor eterno e casamento, mas quando a palavra sexo aparecia na conversa, eu tratava de mudar de assunto.

Pensando bem, agora acho que não era falta de desejo. Os hormônios àquela altura já faziam os estragos típicos da adolescência, e Moisés e eu não éramos diferentes da maioria. No entanto, mais forte do que a natureza era aquela especialista em fazer vítimas incapazes de qualquer ato de subversão: a culpa. Eu, particularmente, sentia culpa o tempo todo. Era meu guarda-costas 24 horas por dia.

Meu pai foi obrigado a aceitar a existência e a presença do meu primeiro namorado apenas para evitar que namorássemos na rua ou no portão, longe de seus olhos e à vista de toda a vizinhança, e não por boa vontade.

Minha mãe, que até gostava dele, tampouco via com bons olhos as possibilidades funestas por trás de um namorico adolescente. Sendo assim, diariamente eles me forneciam uma nova e generosa dose daquela poção mágica, cercando todos os nossos possíveis atos de proibições, avisos e ameaças de castigo.

Depois de algum tempo, não é necessário alertar em voz alta ou franzir a testa: a consciência fica comprometida de tal modo, que a naturalidade se torna uma sombra, e a vontade, a prisioneira de um carcereiro poderoso.

Mas o desejo encontra brechas no sistema. Um belo dia aparece.

Conheci Moisés de um jeito engraçado. Na época, eu era ajudante num escritório de contabilidade, e todos os dias, no mesmo horário, pegava o mesmo ônibus para o trabalho. Acabei fazendo amizade com o cobrador. E foi ele que me falou que eu iria gostar de conhecer seu irmão.

Algum tempo depois, conheci um rapaz numa matinê em São José. No meio daquela conversa meio travada e sem assunto de adolescentes, ele me perguntou em que ônibus eu ia para o trabalho. Bingo! Seu irmão era cobrador nessa mesma linha. Foi só somar dois mais dois para entender que estava diante do garoto que meu amigo havia propagandeado.

Moisés, um pouco mais velho que eu, trabalhava numa metalúrgica. Pela primeira vez eu me apaixonava e era correspondida. O namoro engatou. Começamos a descobrir juntos o amor.

Num sábado à noite, devidamente coberta de avisos e recomendações, recebi autorização para ir a uma festa na Igreja de Santo Amaro. Na fatal hora da despedida e das recomendações, minha minissaia foi vetada sem direito a recurso por meu pai. Eu fui obediente. Voltei para o quarto, vesti uma calça jeans, coloquei a saia dentro de um saco, joguei-o pela janela e me apresentei novamente com cara de sonsa: "Assim está bom, pai?" Estava ótimo.

No quintal, fiz a troca e parti.

Alguns copos de quentão e muitos beijinhos depois, Moisés me fez uma proposta estranha:

– Silu, vamos ali nos fundos, no cemitério?

Nos fundos da igreja, ficava o cemitério e a casa do padre.

– No cemitério?! Mas eu tenho medo!

Ele disse alguma banalidade, como "você está comigo, eu te protejo", e eu, claro, rapidamente me convenci. A ideia não era visitar nem o cemitério nem o padre, mas dar uns beijos mais caprichados num lugar sem testemunhas.

Senti uma coisa estranha e rara: vontade de transar. E para a surpresa de Moisés, decidi que poderíamos ir adiante.

Ele me contaria apenas muitos meses depois que também era virgem até aquela noite. Enfim, estava longe de ser um Dom Juan, experiente aliciador de mocinhas puras. Não dava para saber quem estava mais nervoso e atrapalhado.

Mas Moisés foi delicado e carinhoso. Estendeu seu moletom surrado no chão e foi ali, na frente da casa do padre, ao lado do cemitério, que tive minha primeira experiência sexual. Não deixa de ser divertido pensar nisso hoje em dia. Mas na época nossa transgressão logo se transformou num drama de imensa proporção.

No geral, a experiência ficou a quilômetros de distância do sonho de qualquer menina do interior – ou melhor: do sonho de qualquer menina do planeta –, mas dois jovens pobres e inexperientes vigiados por um pai linha-dura dificilmente conseguiriam pôr em prática alternativas mais engenhosas e românticas.

Lembro-me de ter chegado em casa por volta das 11 horas da noite, sabendo que todos estariam dormindo. De ter andado pé ante pé até meu quarto, trancado a porta imediatamente, para então encarar uma noite sem sono, com um único pensamento em mente. "É errado. É errado. É errado. É errado."

Claro que Moisés e eu nos casaríamos. Claro que teríamos filhos. Claro que nos amávamos. Mas por que então eu me sentia como se tivesse feito algo tão terrível?

Na manhã seguinte, mal conseguia olhar nos olhos de minha mãe. Dei voltas e mais voltas, e quando tivemos um momento a sós, com a inocência que me era peculiar, não suportei o peso do segredo e acabei lhe contando tudo. Inclusive que não tinha gostado nem um pouco do que fiz – como se isso pudesse reduzir a minha culpa.

Não sei quem chorou mais. Ela, entre lágrimas, me abraçou e disse: "Ninguém mais vai te querer agora, minha filha." Eu, soluçando, prometi: "Juro que não faço mais, mãe."

Claro que faria. Mas o sexo continuou sendo um ato confuso, uma batalha inglória entre o desejo e a culpa.

E para piorar, nossos delírios adolescentes sobre um futuro em comum logo se esvaíram.

Porque Moisés começou a mudar. Aparecia em minha casa com um comportamento estranho, sempre agitado e irritadiço. Às vezes surgia no meio da noite e batia na janela do meu quarto – o que poderia acabar muito mal, se meu pai acordasse. Quando não abria e o mandava embora, descobria na manhã seguinte que havia dormido no chão, ao relento.

Moisés andava se drogando, e meu desconhecimento total sobre o assunto fez com que eu ignorasse os motivos da mudança. Quando, enfim, me dei conta, acabamos brigando feio.

Era o tipo de briga feita para ser resolvida no dia seguinte. Tudo se resolveria com uma conversa conciliadora, beijos e promessas. Mas não foi o que aconteceu. Por alguma razão difícil de explicar, que estava diretamente ligada ao nosso orgulho, não conseguimos nos entender, e quando nos reencontramos dois meses depois, Moisés estava com outra garota.

Pouco depois, a notícia da gravidez da nova namorada de Moisés se espalhou. Ele ainda tentou me convencer a voltar, mas naquele contexto era impossível.

Para o desespero da minha mãe, logo improvisei um novo amor para suportar a perda do primeiro. Júnior, um garoto lindo de 20 anos, três a mais que eu, apareceu e ficou. Minha autoestima, que não era lá essas coisas, me convenceu de que, se um rapaz como aquele estava interessado a ponto de querer namorar comigo, eu deveria ser grata e submissa a ele. O namoro durou poucos meses e acabou quando descobri que estava sendo traída.

Nessa altura, eu trabalhava numa pequena loja de doces de um shopping de Florianópolis. A combinação desilusão amorosa + calorias açucaradas ao alcance das mãos + pouco dinheiro para consumir comida saudável + um total desconhecimento sobre o que viria a ser uma boa alimentação foi pouco a pouco me transformando numa dessas "gordinhas boazinhas", incapazes de contrariar, de se impor ou de querer.

Embora fosse completamente desprovida de senso de humor e levasse tudo a sério demais, fui moldada num tipo de humildade servil que se confunde com simpatia e boa vontade. Tornava-me, assim, uma garota retraída, mas prestativa e generosa, capaz de sorrir – ainda que esses sorrisos escondessem um temperamento cronicamente infeliz.

Os fatos apenas reforçavam o que meu pai não se cansava de repetir. Se as circunstâncias deixavam claro que tudo sempre daria errado, que não podia confiar nas pessoas e não havia espaço para mim no mundo, algo me levava a comer mais: como se o fato de ser "grande" pudesse me impor de alguma forma.

Mais tarde compreendi que o maior problema de ser gordo não está apenas na gordura acumulada no corpo: muitas pessoas, quando engordam, se abandonam.

Ao nos olharmos no espelho, vemos a gordura, somente ela. Como se qualquer sinal de beleza e saúde fosse engolido pelo sobrepeso. O gordo rejeita a própria imagem.

Olha-se e pensa que não pode ter cabelos bonitos, dentes saudáveis, mãos e pés bem tratados. Que um gordo não tem um belo sorriso e olhos marcantes. As roupas não lhe caem bem. Jamais será elegante. Ou sensual. Ao gordo, portanto, só resta conformar-se em ser essa massa disforme e lenta, que se arrasta pelo mundo sem qualquer atributo.

É duro, terrível, e, sobretudo, equivocado, mas muitos pensam exatamente assim. E por pensarem desse modo, por acreditarem que qualquer movimento positivo resultaria apenas numa frustração futura, deixam de tentar, param de se cuidar. Se nenhuma roupa cairá bem, por que comprar roupas novas? Para que arrumar os cabelos se o que chamará atenção será sempre meu peso?

E se já está tudo perdido, e a comida é meu único prazer, para que comer menos?

No meu caso havia um agravante. Durante a infância tive pouco acesso a comida: era sempre pouco do mesmo. Quando me confrontei com o universo de uma praça de alimentação e suas infinitas possibilidades, foi um deslumbramento. Eu tinha cabeça de gorda, mesmo enquanto ainda era magra.

Sempre que planejava sair, pensava no que poderia comer naquele lugar. A caminho da escola, parava no pipoqueiro. Na hora do recreio, devorava um cachorro-quente, e duas horas depois, ia para casa pensando no que comeria no jantar.

A comida passou a ser minha única fonte de prazer.

A primeira grande humilhação a gente também nunca esquece

Aos 17 anos, a maior parte do tempo eu queria me esconder, fugir, me enterrar no primeiro buraco que encontrasse. Achava-me muito inferior a todo mundo e se alguém me desrespeitasse, não sabia revidar. Já era normal, eu tinha me acostumado a ser motivo de brincadeira das pessoas. Mas aquilo, para mim, já não tinha graça alguma.

Um dia soube que havia vaga para vendedora numa loja dessas grifes jovens e modernas no shopping onde eu trabalhava. Contrariando a lógica dos fatos, fiz uma entrevista e fui admitida. Para mim foi um "duplo *twist* carpado": de babá-doméstica, secretária, vendedora de doces, para vendedora de loja de grife. A vida ia melhorar.

Por ser espontânea e humilde, logo comecei a superar as metas de venda e a me manter sempre entre os melhores desempenhos do mês. O que me faltava em beleza e charme, me sobrava em dedicação. Realmente estava me saindo bem.

No entanto, mais uma vez, uma peça não se encaixava. A peça, claro, era eu. Minha eficiência e esforço não apagavam a imagem de menina pobre e desajeitada que, afinal, continuava sendo. Meus cabelos não tinham jeito, minha pele não era boa e meu corpo reagia às dificuldades e à insegurança ficando maior.

Ao me contratar, a gerente disse que eu seria admitida desde que melhorasse minha aparência: um batonzinho, um sapato melhor, um ajuste aqui, outro ali... Quem sabe assim ficaria melhorzinha?

Deixou claro que deveria aposentar as camisetas largas e usar as peças da grife, mais bonitas e justinhas no corpo. Na época, com 1,62m e 62 quilos, usava manequim 42. Fiz o que pude. Ainda assim destoava das outras vendedoras.

Com o passar do tempo e de mais sete quilos, as roupas começaram a ficar justas demais. No cotidiano do shopping, passei a substituir o almoço por lanches, que eram mais baratos. Salgados, sanduíche, hambúrguer: valia tudo para economizar. Um dia, ao me vestir, descobri que minhas calças já não serviam. Fui trabalhar com uma calça de moletom e acabei suspensa por um dia.

Como a numeração feminina não dava mais conta das minhas medidas crescentes, as prestativas colegas de loja sugeriram, entre olhares cúmplices e sorrisinhos contidos, que experimentasse as calças masculinas.

Diariamente percebia as mesmas trocas de olhares, os mesmo sorrisinhos, e não precisava ser muito atenta para ouvir os comentários maldosos que faziam também pelas minhas costas. Em resposta, meu corpo ganhava mais volume e minha autoestima encolhia.

E a guerra fria das vendas às vezes esquentava. Num sábado, houve uma gincana na loja. Quem vendesse mais levaria R$50 para casa. Decidi dobrar meu turno, trabalhar das dez da manhã às dez da noite, porque era importante conseguir aquele dinheiro extra.

As outras meninas, em geral universitárias que moravam em boas casas e bons bairros com a família, usavam o dinheiro do trabalho para bancar festas, sapatos caros e roupas da moda. Nada de errado nisso. Mas para mim aquele dinheiro extra seria um luxo numa vida de privações cotidianas. A maior parte do meu salário continuava sendo entregue ao meu pai para ajudar nas despesas comuns da casa.

No último dia da disputa, eu estava na frente. Pela primeira vez senti que as outras meninas torciam por mim. Todas menos uma.

Faltavam dois minutos para o expediente encerrar, algumas colegas já comemoravam comigo quando a tal vendedora perguntou quanto faltava para bater minha marca. Alguém respondeu: R$280. Ela não titubeou: foi até a arara de roupas, escolheu algumas peças, se dirigiu ao caixa e fez um cheque.

Aí você se pergunta: "Gastou R$280 para ganhar R$50?". Não, gastou para não me deixar vencer.

Pouco tempo depois, fui chamada pela gerente. "Vamos até o estoque conversar, Silu." Eu sabia que aquilo significava coisa séria. Mas como eu vendia bem, não pensava que pudesse ser tão sério assim.

Ela perguntou se eu achava que estava tudo bem comigo, se acreditava que estava cumprindo o meu papel. Respondi, inocentemente, que sim. Claro, ela queria que eu a poupasse de me dizer a que vinha, me confessando um fracasso. Mas, apesar de tudo, não era assim que eu me sentia. Afinal, aquilo era uma loja, e eu era uma boa vendedora.

Como me defendi, a gerente partiu para o ataque frontal. Disse-me que a loja havia sido avaliada por supervisores da marca. E eles não gostaram do que viram. "A vendedora é a vitrine da marca, Silu. E você não serve para ser vitrine de nada." Essas foram suas últimas palavras antes de me demitir.

É difícil reproduzir a sensação de ser desprezada abertamente por ser gorda.

Claro que eu poderia melhorar. Para isso precisava antes ser tratada com respeito. O respeito entre as pessoas não pode ser condicionado por questões materiais e muito menos pela aparência. Mas no mundo em que eu vivia era assim que funcionava. Não me restou nada a fazer além de chorar. Por dias foi só o que fiz.

Mas uma coisa é certa: por mais doloroso que seja o confronto com o que há de mais mesquinho e maldoso no ser humano, cada vez que alguém deliberadamente tira algo de você, sem saber, lhe dá a possibilidade de evoluir.

Na melhor das hipóteses, aprende-se que, ao assumir uma atitude passiva diante dos conflitos, você se torna cúmplice do próprio martírio. É preciso reagir. E, principalmente, é necessário não depender da boa vontade alheia para reconhecer o próprio valor.

Em casa, o clima ficou péssimo. Tudo bem, eu teria seguro-desemprego durante alguns meses, mas outra vez pairava a certeza de que "a Silu não fazia nada certo", "a Silu nunca para no mesmo lugar por muito tempo". Só podia ser minha culpa, minha máxima culpa. Certo?

Errado.

Se muitas vezes antes, quando as coisas não davam certo, eu não conseguia encontrar uma razão concreta para dar continuidade à vida e desejava apenas que tudo se acabasse, de repente descobri que tinha uma coisa muito mais forte dentro de mim. Passei a ser movida por uma força que não tinha explicação.

PARTE II

A Cinderela Vai à Forra

Um aviso: a princípio pode ser difícil entender o que tenho para contar a partir de agora.

Na adolescência, adorava assistir aos concursos de beleza exibidos na televisão. Ficava acordada a madrugada inteira para ver as finais do Miss Universo, tomando o cuidado de tirar o volume para meu pai não perceber – ele ficava furioso se assistíssemos TV até tarde. Com 18 anos, me olhava no espelho e via aquele corpo ainda cheinho, mas secretamente imaginava que também podia desfilar e ser miss.

Um dia deixei de lamentar as humilhações do passado por causa da minha aparência. Chegava a hora de revidar. E não podia existir vingança melhor do que ficar bem e triunfar por mérito próprio.

A Gata Borralheira iria à forra tornando-se Cinderela não por uma noite, mas por uma vida inteira! Jurei para mim mesma que nunca mais me deixaria humilhar nem serviria de escada para outra pessoa. E isso seria apenas o começo de uma história nova.

Eu tinha pouca instrução e uma primeira meta: emagrecer. Sabia qual seria o ponto de partida. Tinha consciência de que comia demais e que precisava me controlar. Media 1,62m e estava no auge do meu peso. Na verdade, nessa época eu já nem me pesava mais, mas devia estar com uns 80kg.

O *start* foi dado com uma dieta espartana. E não poderia ter sido mais difícil. Sem acesso a informação, achava que só emagreceria de verdade comendo apenas o necessário para continuar em pé. Foi o que fiz. No fim do dia, chorava de fome e minha mãe chorava de dor por ver meu sacrifício.

Em seguida, li um artigo numa revista de beleza que falava da dieta da sopa que certa celebridade usava sempre que precisava perder quilinhos extras. Como legumes eram, de modo geral, acessíveis, mesmo para o bolso de uma desempregada, o plano parecia perfeito. Lá em casa não tínhamos todos os ingredientes. Então fizemos com o que estava disponível. Tudo bem, a sopa da gordinha anônima seria adaptada à sua realidade, mas o efeito haveria de ser o mesmo. Então comecei a substituir o jantar pela sopa. Depois passei a substituir todas as refeições. Se saísse da linha em algum momento, fazia uma desintoxicação: apenas sucos e chás.

Minha mãe se revelou uma aliada exemplar. Diariamente preparava a sopa de legumes e dava um jeito de servi-la antes do resto da família ir à mesa, para eu não cair em tentação.

Se não dava para pagar academia, e personal trainer era coisa impensável, eu tinha pernas e podia muito bem usá-las para andar e pedalar. À exaustão. E foi exatamente o que fiz.

Não podia me dar ao luxo de ficar sem trabalho por muito tempo. Consegui emprego em outra loja. Saía do trabalho e ia para o supletivo. Mas à noite chegava em casa e ia caminhar. Todos os meus deslocamentos pela cidade eu fazia de bicicleta.

Para que eu não andasse sozinha à noite, minha mãe me acompanhava. Fizesse frio ou calor, lá estava eu. Os resultados logo começaram a aparecer.

Quando o salário começou a entrar, me condicionei a um sacrifício temporário: para frequentar uma academia de ginástica, ficaria um bom tempo sem comprar roupas ou qualquer coisa supérflua. Passei a malhar diariamente e durante um ano meu único sapato decente era um tamanco que, se fizesse frio, eu usava com meia. E valia a pena.

Se você se propõe a um processo radical de emagrecimento, corta toda a avalanche calórica desnecessária que está acostumada a consumir, quase sempre numa tentativa vã de compensar frustrações e carências, pagará um preço, claro. O começo é difícil porque a comida, digo, as sensações que um prato cheio e gorduroso ou um pote enorme de sobremesa proporcionam podem ser tão viciantes quanto o tabaco ou o álcool.

Se você se compromete a substituir as toxinas dos conservantes e gorduras saturadas pela leveza de legumes, verduras e frutas, e ainda pratica alguma atividade física, os resultados são espantosos e rápidos.

Eu, que tinha ganhado quase trinta quilos nessa brincadeira de mau gosto que permiti que se tornasse a minha vida, perdi pelo menos oito quilos em cerca de dois meses. O engraçado é que hoje, quando dou entrevista, algumas pessoas comentam que emagrecer trinta quilos não é muito. Já conheci pessoas que emagreceram sessenta quilos, e vemos casos nas revistas e na internet de perdas ainda maiores. Mas costumo dizer que de um a cem quilos a dificuldade é a mesma: é preciso dar o primeiro passo, sair da zona de conforto e assumir a responsabilidade pela própria vida. A coragem para encarar o desafio de emagrecer é o que realmente vale.

Minha primeira reação diante dos resultados de tamanho esforço não foi a alegria plena. Comecei a sofrer de uma estranha crise de identidade. Não conseguia reconhecer a imagem que encontrava diante do espelho. Porque, debaixo da primeira camada de gordura que fora embora, existia uma jovem mulher que crescera sufocada, sem voz e sem consciência de si mesma. Uma vez revelada, ela precisaria, enfim, se tornar alguém.

Essa autoconsciência veio aos poucos. E houve dor e maravilhamento durante o processo de redescoberta.

Os dez quilos seguintes foram embora mais lentamente, mas o importante foi começar a sentir os primeiros lampejos significativos de autoconfiança. Estava, literalmente, tomando posse do meu corpo.

Hoje olho para trás e vejo que, inconscientemente, fiz algo que deu certo e que até hoje defendo: estabelecia metas. Colocava na cabeça que em determinado mês emagreceria três quilos e corria atrás para conseguir atingir o objetivo. Usava as armas que tinha, poucas e difíceis, mas percebi que planejamento é tudo. Além disso, nunca me coloquei no papel de vítima, de achar que o mundo estava conspirando contra mim, e sempre procurei crescer com as críticas e ser dona da minha própria vida. Colocar a culpa pelos nossos fracassos em terceiros é o caminho certo para continuar engordando. Em vez disso, agarrei a sopa como minha aliada: quando exagerava, era nela que depositava toda a minha confiança. Fiz uma verdadeira reeducação alimentar. E tudo por minha conta. Nunca tomei um comprimido sequer para emagrecer.

Com o tempo, e à medida que as visitas à balança e ao espelho vão se tornando mais prazerosas, isso cria uma espécie de monstrinho louco para ficar lindo dentro de você.

Meu próximo passo? Concursos de beleza, claro!

Claro?!

Não, ninguém ao redor entendia o que eu estava pretendendo com aquele novo desafio. E ninguém se propunha a arriscar uma palavra de incentivo, muito pelo contrário. Se a frustração seria certa, por que colocar mais lenha na fogueira da Silu?

"Mas pra que isso, minha filha?", perguntava, aflita, minha mãe. Eu tampouco tinha uma resposta razoável para dar a ela. Queria fazer parte daquele mundo de mulheres exemplares e admiradas, um mundo de que eu fora naturalmente excluída desde que nasci.

Tudo começou com concursos pequenos. Um dos primeiros foi o Garota Pinguim, promovido por uma boate badalada de Florianópolis que oferecia como prêmio uma moto.

Uma moto?! E eu podia perder essa chance de tentar?

Quando fui até o lugar indicado para me inscrever, encontrei Adriano, o organizador do evento, que produzia quase todos os concursos de Santa Catarina. Ele me olhou dos pés à cabeça com incredulidade, deixando muito claro que não entendia o que eu estava fazendo ali. Depois, para não deixar dúvida, pegou o book com as fotos das candidatas já inscritas e me falou: "Olha bem, Silu, sinceramente, você acha que tem condições?" Sorri desajeitada e respondi: "Mas, Adriano, eu queria tanto!"

Não era exatamente um argumento incontestável, mas ele se sensibilizou e acabou cedendo. Na grande noite, peguei dois ônibus para chegar à boate. Fui sozinha. Ninguém seria cúmplice daquele ato sem sentido.

E foi uma verdadeira carnificina. Eu era o patinho feio no meio de mulheres lindas, altas e esbeltas – campeãs locais de concursos de beleza.

Horas mais tarde, estava novamente no ponto de ônibus. Sem faixa, coroa, flores ou moto, e ciente de que perdera o último ônibus da noite e teria de esperar ali, ao relento, até as cinco da manhã. Mas se engana quem pensa que voltei para casa sem nada ou apenas com uma amarga derrota: estava ganhando experiência, e isso só conquista quem vai à luta e se arrisca.

Bastante atenta, em cada concurso a que assisti ou do qual participei, mesmo sem êxito aparente, estudei meticulosamente o que compunha uma vencedora. Como se portavam, se vestiam, como e o que falavam. Também me focava naquelas que, mesmo belas, não chegavam lá: nervosismo, ansiedade, pequenos detalhes que faziam grande diferença quando se estava frente a frente com os juízes e o público.

No primeiro concurso em que estive entre as vencedoras, não fui contemplada. Duas meninas foram anunciadas como segundas colocadas e o júri decidiu suspender o terceiro lugar. Nas coxias, perguntei quem seria a próxima em pontos e descobri que era eu! Não me deram a faixa, mas saí de lá já me sentindo vitoriosa. Pouco depois, conquistei meu primeiro terceiro lugar num concurso pequeno. Era um avanço. Ou pelo menos eu encarava assim.

Depois de incontáveis tentativas, fui classificada para a final do Garota Verão, um dos principais concursos de beleza do sul do Brasil. Fazia dois anos que Adriano, o mesmo Adriano, não me deixava disputar.

O que ele não podia adivinhar é que quanto mais me falavam que não podia, mais eu queria poder. Em uma das vezes em que apareci diante dele com olhos pedintes, implorando por um lugarzinho na disputa, chegou a me dizer que eu só voltasse quando tivesse perdido pelo menos uns dez quilos. Quando me viu no ano seguinte ficou espantado. Já estava 17 quilos mais magra.

Na época, economizava todo o dinheiro possível para me "consertar" aos poucos: tratamento nos cabelos, aparelho nos dentes, um sapato aqui, um vestido ali, tudo, claro, sempre em 12 prestações.

A carga pesada de trabalho me impedia de estudar numa escola regular, mas procurava ler, me informar, fugir da ignorância que ainda me rondava como a sombra de uma predestinação.

Eu não me achava muito bonita – não, tinha senso crítico e sabia que havia muitas mulheres mais perto dos padrões exigidos nos concursos que eu –, mas queria estar lá, aprender a me portar de um jeito exemplar. E era cara de pau o suficiente para continuar tentando, mesmo que tudo e todos indicassem que eu deveria desistir.

Participei do concurso de miss numa cidadezinha de interior próxima a Florianópolis e mais uma vez não cheguei lá. Quanto mais perdia, mais cismada ficava. Logo depois aconteceria o concurso em Palhoça, cidade onde fui morar com pouco mais de 1 ano de idade, e decidi me inscrever. Nessa época já tinha perdido 19 quilos.

Logo veio o frio na barriga. Eu já havia sido expulsa de algumas seletivas, mas me enchi de coragem e segui em frente. Fui tomada por uma mistura de medo e esperança: deveria encarar o mundo ou me esconder? Eu nem parava para pensar, pois se parasse o medo certamente invadiria minha alma. Todos os nãos que eu recebera se fariam presentes. Decidi, então, que já que estava na guerra, lutaria com as minhas ferramentas.

Fui falar com o coordenador do concurso, que me aconselhou a participar dos concursos da região serrada, menos disputados. Mas o que eu realmente queria era ser miss da minha cidade. Sem contar que era perto de casa, e só eu sabia o quanto teria de penar se fosse me aventurar em outra região. Apesar do balde de água fria, quanto mais eu era desafiada, mais eu teimava. Depositava esperanças de que tudo poderia ser diferente. Quem sabe um dia eu acordaria miss e com isso poderia pensar num futuro melhor?

A produção era sempre um dilema, porque simplesmente eu não tinha condições de comprar roupas bonitas. A maioria das candidatas tinha apoio total da família, que investia o que fosse preciso para elas serem apresentadas "para a sociedade" como verdadeiras princesas.

No meu caso era o extremo oposto. Meu pai ficava furioso e dizia que "já tinha desistido de mim". Minha mãe, sempre desolada. Minha irmã e as amigas já tinham desistido de me convencer a parar. Enfim, se esperasse que uma fada madrinha aparecesse com seu condão mágico, viraria uma estátua de sal. Precisava me virar.

Uma amiga, vendedora numa loja de roupas, me emprestou um vestido de veludo preto tomara que caia, com uma fenda na frente e um leve bordado, e um sapato de salto alto. Outra amiga, que era cabeleireira, prometeu que arrumaria meu cabelo e penduraria a conta para eu pagar no início do mês seguinte.

Finalmente chegou o dia do concurso. Tomei um banho e avisei à minha família que estava indo para a disputa, mas ninguém quis me acompanhar. Na verdade eles não acreditavam em mim. Eu sabia que seria apenas eu comigo mesma e com Deus. Fiquei desapontada, afinal era um grande evento na cidade, no salão de um clube da alta sociedade palhocense. Adoraria ver todos lá e tenho certeza que naquele momento a minha família teria orgulho de mim.

Às 17 horas saí pedalando minha bicicleta e fui até a minha amiga cabeleireira. Chegando lá, ela lavou meu cabelo, fez uma escova e me encheu de bobes e muito laquê. Explicou: "Minha filha, miss tem que ter cabelão com topete." Pedalei por vinte minutos de volta para casa, morrendo de vergonha dos bobes na cabeça, mas com a certeza de que não era pior do que pegar um ônibus naquela condição. Logo que cheguei em casa coloquei o vestido e eu mesma me maquiei. Sem muitos recursos, usei apenas batom e rímel.

Começou a chover torrencialmente na hora em que eu saía de casa. Até o ponto de ônibus eram uns 15 minutos a pé. Peguei o guarda-chuva, o dinheiro da passagem e um batonzinho para retocar os lábios. A chuva acabou molhando um pouco a barra do meu vestido. Claro que no ônibus todos olhavam para a garota de bobes na cabeça, mas eu tive o cuidado de pôr um lencinho para cobrir o que seria um cabelo de miss com topete.

Quando cheguei ao clube, depois de correr sobre poças, tentando a todo custo proteger cabelos e maquiagem, descobri que, por uma falha na triagem inicial, havia excesso de candidatas. As que tivessem menos chance seriam eliminadas ainda nos bastidores. Eu estava entre elas.

Desesperada, chamei Adriano, contei-lhe a triste história sobre o vestido emprestado, o cabelo fiado, a peregrinação debaixo de chuva e ele, mais uma vez por pena, e apenas por isso, me deixou participar. "Está certo, Silu, mas ainda acho que seu lugar não é aqui. Você deveria ir disputar no interior", sugeriu. Tudo porque Palhoça fica na grande Florianópolis, e as meninas da capital percorriam as cidades vizinhas para participar de tudo quanto era concurso, aumentando consideravelmente a concorrência. No entanto, pensei: "Já que estou aqui, vou encarar o desafio e dar o meu melhor."

Ser desde o princípio escolhida para estar entre as perdedoras deve ter me dado o combustível necessário para fazer o que fiz em seguida. Era como se nada mais pudesse me atingir.

O salão estava lotado: todas as candidatas contavam com a presença de familiares e amigos. Primeiro chamaram os jurados, o prefeito da cidade e algumas celebridades. Em seguida entraram as candidatas, em traje de banho: um maiô preto. E finalmente chegou a minha vez. Meu coração batia acelerado. Eu era a penúltima, número 11, já que a entrada era por ordem alfabética. Quando chamaram meu nome, deslizei pela passarela com suavidade exemplar, segurando meu número com muita firmeza, como havia aprendido de tanto assistir aos concursos pela televisão. Sabia que esse simples detalhe poderia ser um diferencial. Sorria o tempo todo, e olhava nos olhos de cada jurado, conjurando-os a um pacto comigo. "Não, senhores, eu não sou a mais bonita, mas vejam tudo o que tenho a oferecer." Desfilei calmamente, ou pelo menos tentei passar essa impressão para o público.

Logo depois foi a vez dos vestidos longos. O meu estava longe de ser o mais bonito e minha maquiagem também não contribuía muito. Olhava para as outras candidatas, todas muito produzidas, e me achava muito simples diante delas. Tentava tirar a palavra medo da cabeça. Subi novamente na passarela, tomando muito cuidado para não tropeçar no vestido – cair seria o fim, a maior vergonha que podia imaginar. Novamente exibi o meu melhor sorriso, e o minuto que devo ter levado para atravessar o palco pareceu uma vida. Já na coxia, sentei no chão, sobre um pedaço de papelão, e fiquei quietinha enquanto a música tocava lá fora e algumas meninas tinham ataques histéricos. A sensação era de dever cumprido. Estava aliviada, mas sem muitas esperanças.

Primeiro foram anunciados o terceiro e o segundo lugares. Se eu tinha um fiapinho de esperança de ser classificada até aquele momento, ele se esvaiu.

No entanto, tive a impressão de ouvir meu nome. Siluandra Scheffer! Não era possível, mas... Nos bastidores, não sei quem ficou mais surpresa – eu ou as outras candidatas. Não conseguia acreditar. Deve ter havido algum erro, pensei. Entre os olhares incrédulos de todos, voltei à passarela como vencedora do Miss Palhoça 2000. Aquele, sem dúvida, foi o momento mais extraordinário da minha vida.

Ao receber a faixa, ouvi algumas vaias ao longe: era a torcida organizada de outra candidata. Percebi que o salão se esvaziava rapidamente. Não havia ninguém da minha família para me aplaudir. Mas não queria pensar nisso: o importante era que eu tinha ganhado o primeiro lugar, além de muitas flores e um anel com uma pérola.

Quando a cerimônia foi encerrada, corri outra vez sob a chuva até um orelhão para telefonar para minha mãe.

– A senhora sabe com quem está falando? – perguntei.
– Para de bobagem, Silu, diz o que é.
– Mãe, você está falando com a Miss Palhoça!
– Deixa de brincadeira! – disse ela.
– É isso mesmo, mãe, sou miss.

Voltei encharcada para o clube e reencontrei Adriano. Ele me perguntou se eu tinha como ir embora. Respondi que não.

– Esse vai ser seu prêmio, então. Eu te levo para casa.

No caminho, olhou para mim, sorriu e falou:

– Você não ganhou porque era a mais bonita. Você ganhou porque foi a mais persistente. Silu, hoje você foi perfeita.

Depois da meia-noite...

Já na cama, quase não conseguia fechar os olhos. Não podia nem queria dormir, precisava relembrar cada detalhe da noite.

Mas a memória logo falharia e seria imperdoável não ter nenhum registro guardado. Sem dinheiro para comprar as fotos do evento, improvisei uma coroação caseira.

No dia seguinte, tratei de me vestir e maquiar como se fosse outra vez para a passarela e, sorridente, fiz poses de rainha, com faixa, coroa e as flores da vencedora entre os braços, diante de uma máquina fotográfica comunzinha, desajeitadamente manipulada pela minha mãe.

No meu íntimo acreditava que as coisas mudariam dali em diante. Mas não demoraria muito para entender que não funcionava assim. Depois da festa e das fotos, voltei para a vida normal e encontrei os mesmos problemas de sempre. Só que no lugar de me desapontar e desistir, eu pensava: preciso ir mais longe, ainda é pouco.

Na época, eu estava ajudando minha vizinha Rejane a emagrecer. Ela assinava a *Dieta Já*, e certo dia, logo depois do concurso, foi à minha casa com o exemplar do mês na mão. Havia uma promoção, e Rejane logo pensou em mim:

– Silu, conta a tua história para eles. A melhor história de emagrecimento vai ganhar dez dias num spa.

Ela insistiu que a minha história causaria ótima impressão.

– A minha história?!

Até aquele momento, eu não olhava de fato para o meu passado – não a ponto de perceber a real dimensão de tudo o que já tinha me acontecido. Simplesmente continuava vivendo. Desde o incidente na loja do shopping, estabeleci metas, que procurei cumprir e... vivi. Um dia após o outro, sem olhar para trás.

Mas a certeza da minha vizinha de alguma forma me contagiou. Decidi que faria o que ela sugeriu, não custava nada tentar. E, em segredo, desejei não os dias no spa, mas a capa da revista.

Sentei e escrevi uma longa carta contando sobre todo o percurso entre a demissão, o emagrecimento e a vitória no concurso em algumas folhas de um caderno velho. Nunca fui muito boa para escrever, os anos que não pude frequentar a escola faziam falta. Mas, apesar dos erros, procurei ser sincera e colocar ali toda a minha verdade e a minha emoção.

Quando pus a carta no envelope, me ajoelhei diante da imagem de Nossa Senhora Aparecida e fiz uma oração.

Disse a ela que se aquela carta fosse entregue às mãos certas, eu usaria a vitória e a visibilidade em sua honra e glória.

Enviei a carta para a revista e segui a rotina normal. Cerca de quinze dias depois recebi um telefonema em que me convidavam para fazer uma sessão de fotos para a *Dieta Já*, em São Paulo.

Minha história impressionou tanto a editora, que decidiram que eu deveria ser capa. Quando desliguei o telefone, literalmente pulei de alegria. Entre tantas cartas, a minha teve a sorte de chegar às mãos certas. As chances de dar em nada eram tão grandes que foi impossível não pensar em intervenção divina. Nossa Senhora seria devidamente honrada. E continua sendo até hoje.

Pouco depois estava de mala pronta para São Paulo. Minha primeira viagem de avião. E então se seguiram entrevista, visita à redação, fotos...

O problema continuava sendo a tal Maldição da Abóbora: algo extraordinário acontecia – alegria, beleza, festa, uma dosezinha de sucesso –, mas o relógio dava 12 badaladas e meu mundo voltava a ser o que era. Eu retornava para casa e tudo voltava a ser como antes.

Ou nem tanto assim. Quando a revista foi publicada, soube que muitas mulheres escreveram cartas comentando minha história e pedindo ajuda. Mais uma vez eu sofria de uma visão redutora das coisas. Se antes não conseguia enxergar minha própria história, agora não me dava conta de que ela poderia criar pontes e servir como exemplo para outras pessoas que estavam ou estiveram um dia em igual situação. Aquilo me fez pensar.

Eu estava lá, na capa de uma revista nacional sobre beleza, como exemplo de sucesso. Logo eu que, não fazia muito tempo, ouvi alguém me dizer que minha imagem não servia para vender coisa nenhuma.

De repente descobri que a minha imagem servia para vender coisas muito mais preciosas do que roupas caras. Servia para vender esperança, persistência, obstinação.

Participei mais duas vezes de concursos de miss e ganhei. Duas outras vezes, concorri a Miss Santa Catarina e perdi. Como na vida, ganha-se aqui, perde-se ali – o mais importante era que eu estava construindo alguma coisa importante aqui dentro. E que estava acima de vitórias e derrotas. A cada passo que dava, bem ou malsucedido, minha base se ampliava. Tornava-se cada vez mais difícil me derrubar.

No ano seguinte me mudei para Blumenau, uma próspera cidade no interior de Santa Catarina. Tinha feito um curso de massoterapia e trabalhava numa clínica conhecida. Até um pequeno apartamento pude alugar.

Já bastante em forma e me sentindo mais bonita do que nunca, me inscrevi no concurso Miss Blumenau. Preparei o vestido e esperei a noite chegar. Mas começou uma temporada de chuvas fortes e não demorou até que meu apartamento inteiro fosse inundado.

No dia do concurso eu simplesmente não podia entrar em casa. E quando consegui, descobri que muitas das minhas coisas haviam se estragado. Não participei daquele concurso, mas em seguida aconteceria outro, em Indaial, cidade vizinha.

Alguns dias depois, aos 22 anos, eu me tornaria Miss Indaial e me classificaria para a final do Miss Santa Catarina! Mas para estar na final, precisaria de um vestido de gala que, na época, não custava menos que R$2 mil. E essa quantia era algo que eu não tinha nem em sonhos.

Já havia participado do Miss Santa Catarina antes, representando Palhoça. Desfilei com o vestido de uma amiga – bonito, mas simples perto dos outros – e descobri na prática que candidatas sem trajes incríveis causavam péssima impressão. Achei melhor não me expor novamente. Às vezes é preciso entender que é hora de desistir.

Naqueles dias, uma senhora muito distinta, que eu atendia semanalmente, durante a massagem me cumprimentou pelo título e perguntou sobre a final.

– Eu não vou participar, Dona Graça.

Ela quis saber o motivo. Expliquei. Depois de me ouvir, silenciou alguns minutos e disse:

– Silu, eu sempre quis ter uma filha; pois então: você é a filha que eu gostaria de ter. Permita que eu te ajude. Deixa eu te dar um vestido bonito de presente. Você se inscreve em outra cidade e concorre.

Eu não sabia o que responder. Jamais alguém havia sido capaz de uma generosidade tão desinteressada comigo. Às lagrimas, aceitei a oferta. Dona Graça me levou até sua costureira e também à sua bordadeira. Disse que arranjasse tudo com elas. Não precisava economizar.

Eu mesma desenhei o modelo e, no dia do concurso, tinha um lindo traje de gala bordado à minha espera numa segunda costureira, que ficou encarregada apenas dos ajustes finais.

Horas antes do concurso, saí do cabeleireiro (que me penteou e pendurou a conta) para apanhar o vestido. Nada mais poderia dar errado... Ou poderia?

Por um trabalho que custava cerca de R$30 em qualquer atelier da cidade, a costureira me cobrou R$150. E como eu não tinha esse valor em mãos para o pagamento, ela decidiu confiscar o vestido.

– A senhora está doida? Preciso desfilar com esse vestido hoje à noite na final do Miss Santa Catarina!

E ela continuou irredutível. Ofereci minha aliança de noivado (sim, eu estava noiva na época, mas esse é um assunto para mais tarde) e documentos como garantia. Nada a demovia. Depois de meia hora de negociações fracassadas, chegaram minha mãe e meu noivo, que me acompanhariam na final. Minhas esperanças duraram pouco: nenhum dos dois tinha R$150. Mas meu noivo lembrou-se de um cheque de R$700 que recebeu de meu pai e ainda estava na carteira.

Depois de muito argumentar, a costureira aceitou ficar com o anel, o cheque e os documentos como garantia de que eu voltaria na segunda-feira para efetuar o pagamento.

O problema seria desfilar e sorrir depois de tanto transtorno. Mas estar ali era algo tão mágico que não fiz feio. Não sei como, mas naquela noite fiquei em quinto lugar no Miss Santa Catarina.

Depois do concurso e antes de pegar a estrada de volta para Palhoça, fomos a um restaurante. Meu noivo pediu vinho e pratos caros. Fiquei intrigada. No final da noite, quando chegou a conta de quase R$200, ele prontamente sacou o dinheiro da carteira e pagou.

– Mas você não disse que não tinha R$150?

– Pois é, depois encontrei esse dinheiro meio escondido.

Não preciso dizer que meu noivo era terminantemente contra esses concursos, certo?

Mesmo que não existissem costureiras mercenárias e noivos boicotadores, as finais estaduais seriam brigas difíceis.

Quem vê as misses desfilando impecáveis e sorridentes pela passarela não faz ideia da pressão que se esconde por trás de seus passos. E quem acha comovente quando perdedoras e vencedoras se abraçam, entre lágrimas, como se quem ficou para trás vibrasse por quem foi adiante, não faz ideia dos reais sentimentos envolvidos.

Ninguém que vai para um concurso fica feliz em perder. Além de toda a dedicação necessária, é muito caro participar.

Aliás, à medida que amadurecia, compreendia que, longe dos holofotes e das câmeras, atrás da fachada de beleza e perfeição, há um universo que poucos conhecem. A competitividade constrói um ambiente hostil e nada pode ser mais raro do que uma amizade verdadeira surgir em tal contexto. Mas esse ambiente me ensinou a me defender lá fora.

Aos poucos também aprendi que mesmo se fosse a mais linda das mulheres, estaria em desvantagem. Hoje em dia os concursos de beleza desprezam a beleza natural e buscam cada vez mais uma perfeição inventada. Por isso, o dinheiro opera milagres quando a questão é ser a mais bela.

Desde tratamentos paliativos que fazem imperfeições sumirem do mapa na grande noite, ou na grande semana, vestidos e trajes desenhados e costurados por estilistas consagrados, até, claro, revisão completa e radical na mesa de cirurgia. Muita gente não quer correr o risco de perder a coroa por meia polegada a mais de nariz e duas polegadas a mais de cintura.

Para quem, como eu, não podia caçar com bisturi, valia tudo: fita crepe para aumentar e ajustar os seios, laquê no bumbum para ficar mais firme.

No caso da final estadual do Concurso de Miss, em que estive por três vezes, a avaliação das candidatas era feita durante cinco dias. Nesse período ficávamos todas concentradas em grandes hotéis, com agendas diárias de eventos.

Eu costumava me manter muito reservada, cuidando para que estivesse tudo certo na hora de entrar em ação, mas, com discrição, olhava cada candidata, uma por uma, e analisava seu potencial. Potencialmente a maioria tinha mais chances que eu, mas quem disse que eu me importava? Era a noite do baile no conto de fadas.

Em alguns concursos, a competição pode ser tão violenta que é preciso dormir com o número e a faixa debaixo do travesseiro, esconder o maiô da competição e dar um jeito de o vestido ficar em segurança. Muitas meninas, aliás, deixavam o vestido em casa e mandavam entregar no hotel só no dia da escolha.

Meu maiô já desapareceu e foi encontrado escondido em outro quarto. Coisas assim eram comuns, mas estávamos avisadas: quem não queria que acontecesse consigo o mesmo que ocorreu com a candidata favorita (teve o vestido principal rasgado em mil pedacinhos), tinha de se cuidar.

Por conta da programação da semana, precisávamos ter roupas para várias ocasiões. Para mim aquilo era um tormento. Comprava algumas peças nessas imensas lojas de departamento populares, parcelando em dez vezes, misturava com o que tinha, pegava roupas emprestadas e me virava.

Tudo isso porque estar na final tinha um significado particular. Era um ensaio para uma nova vida. Não fazia muito tempo eu havia sido considerada imprestável por conta da minha aparência. E poderia ter feito o pior dessas experiências, como de fato fiz por algum tempo.

Muitas pessoas que sofrem de baixa autoestima e perseguição por questões estéticas acabam evoluindo para uma obesidade mórbida, com consequências graves para a saúde, se confinam mais e mais numa realidade solitária e triste ou no papel do "gordo simpático", que não possui atrativos além de um bom coração. Mas não, não é esse o único caminho.

E se alguém está agora pensando que o fato de a minha reação ter começado pela balança denuncia um caminho fútil, superficial, garanto que está enganado.

Eu, o tempo todo, quis me tornar uma pessoa melhor. Se tinha engordado, se minha aparência era desleixada, minha personalidade introspectiva e retraída, era porque durante a maior parte da minha vida não acreditava que merecia ou poderia ter e oferecer mais.

Não acredito em padrões impossíveis. A beleza é algo que se encontra em quem está de bem com a própria vida e em ordem com o coração. É antes um sentimento de amor consigo mesmo e com os outros. E quem ama cuida, protege, quer o melhor.

Ter me decidido a perder quase trinta quilos e investir em outras melhorias estéticas não era um fim, mas um meio de provar para mim mesma que estava me dando um tratamento digno e merecido.

Mas por que os concursos? Para mim, uma garota do interior do sul do país, com pouco estudo, pouca vivência além de ir de casa ao trabalho, do trabalho para casa, desde criança, os concursos de beleza eram os lugares que abrigavam e moldavam a mulher perfeita. Não apenas a mais bela, mas a mais graciosa, inteligente, elegante, simpática. Enfim, tudo o que eu queria ser um dia. Por isso me parecia natural querer fazer parte daquele meio e aprender com quem, em tese, deveria representar um modelo feminino.

E foi preciso que eu ouvisse muito mais "não" do que "sim". Ninguém entendia por que eu insistia. Minha mãe, sempre que me via às voltas com outro concurso, se afligia: "Para quê?!"

Da mesma forma eu mesma muitas vezes quis ser uma pessoa normal, com estabilidade, um casamento feliz, filhos, uma casa no lugar onde cresci. Esse desejo me atrapalhava. Porque eu me dedicava a conquistar os títulos, os espaços em revistas, e a vida real continuava sendo ficar atrás do balcão, ter pouco dinheiro e ínfimas perspectivas concretas para o futuro.

Mas sempre que saía de um concurso, tinha a sensação de que poderia ter feito melhor: se tivesse as condições, o estímulo da família, dos amigos, eu teria feito melhor. E nesse momento decidia que me daria outra chance de fazer.

Depois da meia-noite a carruagem voltava a ser o ônibus, mas dentro de mim a transformação continuaria.

Uma linda ex-gordinha

Em 1998, MENOS de dois anos antes da façanha Miss Palhoça 2000, lá estava eu: uma ex-gordinha com o corpo em recuperação, uma cabeça de vento, uma carência gigantesca e um grande coração machucado e vazio. Em boa coisa não poderia dar. E não deu.

C., um velho playboy catarinense, era jurado do concurso de uma casa noturna de Florianópolis, o Garota Snoopy (isso mesmo, minha amiga, "Garota Snoopy"!), do qual saí com meu primeiro terceiro lugar, ao lado de outras duas beldades de 1,80m.

Desfile encerrado, eleitas anunciadas, começou a festa. Alguém me convidou para sentar em uma mesa de conhecidos. Nessa mesa falei com C. pela primeira vez.

Inteligente, articulado, simpático, ele logo puxou assunto e centralizou minha atenção. Verdade seja dita, era um homem feio. Mas havia algo no seu comportamento, no modo como falava, ria, uma vivacidade absolutamente envolvente.

Não devia ser difícil perceber que eu pouco sabia da vida, minha ingenuidade era algo gritante, e logo aquele homem mais velho notou que bastava me dar atenção e dizer meia dúzia de coisas bonitas para me ganhar a confiança.

Conversamos muito, ele quis saber tudo sobre mim, o que fazia, de onde vinha, o que sonhava. Me fez perguntas e mais perguntas e mostrou-se atento a todos os detalhes. Mesmo que eu não tivesse nada de muito interessante para contar, me senti à vontade para dizer qualquer coisa. A experiência de ser ouvida com interesse era embriagante.

C. também falou de si, claro. Ao contrário de mim, tinha uma vida repleta de acontecimentos e conquistas. Um homem notoriamente rico, refinado nos gostos e hábitos que, ao mesmo tempo, podia ser um sujeito simples, que se divertia e aventurava muito. Tratava-se de um sedutor experiente, um expert. Os outros dois homens com quem eu me relacionara eram apenas meninos – meros amadores perto do meu novo amigo.

Mais tarde, perguntou como eu voltaria para casa e não admitiu, "em hipótese alguma", me deixar tomar um ônibus – minha única opção. Como um bom cavalheiro, se dispôs imediatamente a me levar. Relutei a princípio, mas ele foi hábil em me convencer. O que não poderia imaginar ao aceitar aquela oferta era que esse poder de persuasão seria usado, e com sucesso, muitas vezes no futuro. Aliás, não poderia nem mesmo supor que havia um futuro ao lado daquele senhorzinho feio e boa-praça.

Com a mesma delicadeza, ele me convenceu a nos encontrar outras vezes para conversar. Começou a tornar-se hábito C. ir ao meu trabalho, sempre como quem estava "passando por aqui", e se oferecer para me levar em casa.

Seu interesse, cada vez mais evidente, me deixava desconfortável, mas seu comportamento era impecável. E nada de mais acontecia entre nós. Nada além de ótimas conversas e muitos galanteios.

Apesar de atraída por aquele tratamento, a idade de C. me assustava e me impedia de imaginar que aqueles encontros pudessem resultar em algo a mais. Ele dizia ter 49 anos, ou seja, era alguns anos mais velho que meu pai, e trinta mais do que eu.

Também não poderia imaginar que C. costumava usar uma matemática muito particular em sua vida.

Quando me buscou para nosso primeiro encontro oficial, havia uma rosa me esperando sobre o assento. Fiquei encantada. Ele então sorriu, disse-me que eu merecia muito mais e pediu que abrisse o porta-luvas. Talvez já tivesse visto algo parecido em algum filme romântico de sessão da tarde, mas protagonizar uma cena como aquela? Lá estava uma caixinha bonita que abri entre surpresa e assustada. Dentro dela, um colar de ouro. Naquela noite, C. se declarou.

Faltou pouco para que eu fosse às lágrimas. Não se tratava apenas de uma questão material: eu era uma menina pobre, e meninas pobres podem se impressionar com presentes caros; isso é um fato irrefutável. Mas a questão era mais complexa, embora eu fosse uma jovem simplória: nunca ninguém tinha me tratado daquela maneira, jamais havia sido valorizada assim.

Pela primeira vez eu me sentia tratada como uma mulher especial, preciosa, e não apenas via, mas fazia parte de um mundo que só conhecia de novelas e revistas. Não era difícil me entusiasmar com um assédio tão delicado e confundir as coisas. Aos poucos comecei a acreditar que também estava me apaixonando. E o que parecia estranho e desconfortável logo soaria natural.

Começamos a namorar.

E não foi fácil sob nenhum aspecto. Explicar para meus pais aos 19 anos que começaria um relacionamento com um homem três décadas mais velho, contar às amigas e receber seu olhar estarrecido, fazer parte de um mundo tão estranho ao meu...

Mas C. contornou obstáculo por obstáculo com habilidade invejável. Logo todos o acolheram e respeitaram como se acolhe e respeita um pretendente ideal.

Durante a semana, me apanhava no trabalho e levava para passear e jantar em bons restaurantes. Todos os dias havia alguma coisa que eu "precisava muito conhecer".

Eu ficava fascinada com seu incrível poder de improvisação. Estávamos indo numa direção, e de repente ele se lembrava de algum lugar mais interessante que eu "precisava conhecer", mudava o percurso e lá íamos para o lado oposto.

Nos finais de semana, me apresentava nas lindas praias de Santa Catarina, que eu, mesmo vivendo tão perto, jamais havia visitado – porque me faltava tempo e dinheiro para aventuras. Ele se divertia com minha ignorância e ficava exultante por ser o meu guia, o homem que me mostrava o mundo através dos seus olhos. Eu nunca sabia onde acabaria cada passeio.

Foi assim por alguns meses. Aos poucos conheci seus filhos, todos mais ou menos da minha idade e, ao contrário do que é comum acontecer, nos demos extremamente bem. A vida de Silu nunca fora tão leve.

C. podia não ser exatamente um Richard Gere catarinense, mas eu estava vivendo meus dias de *Uma linda mulher*.

Beijar o príncipe, acordar com o sapo

S E ALGUÉM TIVESSE me contado histórias para dormir quando eu era criança, nesse momento eu já desconfiaria que algumas maçãs, por mais vistosas e irresistíveis que pareçam, podem estar envenenadas.

Eu vivia meu conto de fadas particular com o príncipe encantado cinquentão, bastante confiante da sinceridade do seu amor e dos meus sentimentos, quando um carro parou ao lado do nosso, num sinal fechado.

Imediatamente percebi que a mulher ao volante, com enormes óculos escuros, brincos dourados e cabelos esvoaçantes, nos olhava com uma espécie de insistência incrédula.

Quando o sinal abriu e ela gritou o nome de C., o conto de fadas começou a mostrar o que de fato sempre foi: uma boa história da carochinha.

C. acelerou enlouquecido. A mulher, que eu nunca tinha visto antes, acelerou também. Começou uma perseguição que, sob meus protestos, acabou poucos quilômetros adiante, quando ele desistiu daquela fuga ridícula. Mais cedo ou mais tarde teria de enfrentar a situação.

Eles desceram do carro, e uma discussão violenta explodiu. Nesse momento descobri que aquela mulher era a esposa de C.

Nenhuma originalidade nesse enredo. Todo mundo conhece a história de alguém que viveu algo parecido. Algumas poucas acabam em crimes fatais, mas a maioria culmina com a esposa vociferando os desaforos mais cruéis que é capaz de imaginar no calor da sua fúria à messalina, à amante devassa que certamente vive apenas para destruir lares, dilapidar patrimônios e roubar maridos alheios.

Muitas mulheres, de todas as idades e classes sociais, merecem o título, tenho certeza disso. Mas o que a maioria das esposas traídas não consegue enxergar quando descobre a teia de mentiras que envolve seu casamento é que muitas "amantes" foram tão traídas quanto elas.

Infelizmente a culpa da traição recai de forma automática sobre a "outra", como se o pobre marido fosse vítima da sua inevitável "fraqueza masculina".

Mulheres culpam sempre as mulheres mais que aos homens. Sim, nós fazemos isso. Mas por quê?

Lembro-me de ter lido em algum lugar uma frase de Simone de Beauvoir que me fez pensar muito: "As mulheres não dizem 'nós'. Os homens dizem 'as mulheres' e elas usam essas palavras para se designarem a si mesmas: mas não se põem autenticamente como Sujeito."

Tenho consciência de que é difícil escapar desse automatismo. Mas acho que sempre vale o esforço de uma tentativa para, pouco a pouco, quebrar o padrão. Nós, mulheres, dizemos que "as mulheres são assim, "as mulheres fazem isso ou aquilo", como se não fôssemos todas feitas da mesma matéria e da mesma complexidade.

Mas naquele dia seria demais explicar à esposa traída e, pasme-se, grávida, que aquela jovenzinha que andava no carro luxuoso do seu marido estava com ele havia um ano sem fazer ideia de que fosse casado.

Decidi me afastar e proibi C. de me procurar novamente.

Mas o pesadelo estava longe de ter um fim. Ele continuou a me procurar por algum tempo, alegando que o casamento já havia acabado, que a esposa engravidara de propósito para prendê-lo, e a novena inteira que todo homem casado que trai e é flagrado traz na ponta da língua, para qualquer Bela Adormecida que acordou antes da hora.

Mas fui radical na minha decisão.

Ainda assim, a esposa de C. contratou um detetive, que rapidamente descobriu onde eu morava, trabalhava e meu número de telefone. O tormento estava apenas começando.

Fui diversas vezes ameaçada e agredida com palavras irreproduzíveis. E se, a princípio, tentei me defender, alegando que não sabia de nada, o que era a mais pura verdade, logo o repertório de ofensas me fez perder a compostura. Se há uma coisa que me tira do sério, é ver minha honestidade posta em dúvida.

Mas ao mesmo tempo eu podia, sim, entendê-la. Um playboy de meia-idade se engraçando com uma moça suburbana de 20 anos que alega não saber nada sobre o casamento era o menos engenhoso dos clichês.

Depois do centésimo telefonema, decidi enfrentar sua fúria. Ela tentou me intimidar usando seu sobrenome tradicional. Em resposta disse-lhe que ela estava lidando com Siluandra Scheffer, e que eu jamais fora atrás de C., que todo movimento havia sido feito por ele, que seus amigos e filhos jamais mencionaram sua existência, e, por fim, que ela cuidasse do seu marido, porque de mim cuidava eu. Desliguei e esperei por uma retaliação. No entanto, a mulher silenciou. Com o passar dos dias, pensei que a vida voltaria ao normal.

Então C. apareceu e jurou que tinha se separado e não podia viver sem mim.

Hesitei, dei tempo ao tempo, mas voltamos a nos encontrar e logo me deixei envolver por novas gentilezas, declarações e promessas. Acabamos noivando.

Mais tarde descobri que, como tudo a seu respeito, aquela era apenas mais uma meia verdade. Oficialmente a situação permanecia a mesma entre o casal, e a separação definitiva só aconteceu algum tempo depois que seu filho nasceu.

O caminho, enfim, estava livre para o nosso suposto amor?

Não, não estava.

Assim que o divórcio foi consumado, parte da família de C., que consistia em pelo menos duas ex-esposas e alguns de seus respectivos filhos, se reuniu para tomar uma atitude definitiva.

Até hoje não entendo nem pretendo entender como aquela avalanche foi cair sobre nossas cabeças. Mas o fato é que num piscar de olhos tudo havia desmoronado. A atitude que a família decidiu tomar para frear as aventuras de C. foi a interdição.

Do dia para noite foi dada uma decisão judicial e C. foi considerado "incapaz", alguém fora de suas faculdades mentais, que estava dilapidando o patrimônio de uma grande família.

Resumindo: C. tornou-se um homem tão pobre quanto eu. E quando isso aconteceu, o vi envelhecer décadas.

Ao contrário do que se esperava de mim, como personagem de um clichê banal, fui uma companheira impecável.

Na época, meus pais haviam se separado e, com a saída do meu pai, havia mais espaço livre na casa. A única solução para C., que perdeu o direito de ocupar o hotel da família onde morava a maior parte do tempo, foi vender seu relógio suíço para financiar uma pequena reforma e ir morar conosco na casinha do subúrbio.

Mas é claro que uma situação como essa estava longe de ser ideal e não poderia durar muito tempo. Sobretudo para alguém que sempre teve a vida ganha e tanta intimidade com o luxo.

C. estava derrotado e deprimido. Por mais que tivesse agido errado muitas vezes, e não fosse exatamente um homem econômico, o que para mim era o suprassumo do conforto não podia ser considerado uma vida de extravagâncias. Nada de brilhantes caríssimos ou viagens a Paris. Na verdade, nunca saímos sequer dos limites de Santa Catarina. Não havia patrimônio dilapidado (pelo menos não comigo ou por minha causa) nem nada que justificasse uma interdição.

E C. não conseguia reagir. Era difícil para um playboy de supostos 50 anos começar a pegar no batente àquela altura da vida e se contentar com um salário mínimo como qualquer reles mortal.

Mesmo derrotado, me pedia para ter paciência, porque a decisão seria revista e tudo voltaria ao normal. Continuei, como sempre, trabalhando. Com exatos R$750, abri um negócio. Aluguei a casa de um conhecido da família, contratei mão de obra para uma pequena reforma, comprei tintas e pintei eu mesma as paredes, às vezes com a ajuda de C. Dias depois, abria ali a minha clínica de massoterapia. Na época tinha apenas uma mesa de massagem rasgada, o mínimo necessário para trabalhar e uma cadeira na recepção. Aos poucos fui sublocando os espaços para um salão de beleza, uma esteticista, e o negócio cresceu. Meu parco dinheiro passou a representar nossa única fonte de sustento.

Se C. já estava arrasado e humilhado, logo se tornou também tremendamente inseguro. E da insegurança para o ciúme doentio, basta descer um degrau. Não é muito.

Eu não podia dar um passo sem que meu namorado estivesse por perto, vigiando ou "cuidando" de mim, como preferia dizer. "Me preocupo com você", repetia. E prontamente se dedicou a me levar e buscar todos os dias no trabalho, jamais admitindo que eu pudesse fazer qualquer programa que não o incluísse.

Do jeito que era possível, tratava-me ainda como uma princesa, mas a beleza que gostava de exaltar agora não podia ser desfrutada por mais ninguém. Se, a princípio, minhas incursões pelos concursos de beleza o divertiam, agora o aborreciam e perturbavam.

Para me convencer a desistir, juntava-se ao coro dos que diziam que eu não tinha a menor chance, que me olhasse no espelho e acordasse. Como de costume, ignorei a descrença e fiz o que tinha vontade, ainda que a pressão fosse quase insuportável.

Muito jovem para aquela experiência, cada vez mais pressionada pelo ciúme e a possessividade de C., me sentia oprimida e infeliz. E meu noivo ainda tinha a cabeça na riqueza, não sabia e não queria economizar. O peso recaía sobre mim.

A maior parte dos amigos sumiu tão logo a notícia da interdição se espalhou. Mas um, com quem C. já havia sido generoso, lhe ofereceu um apartamento que estava desocupado na Avenida Beira Mar, em Florianópolis, uma das mais caras da cidade. Uma solução provisória, enquanto a situação não fosse resolvida.

Ajudei a montar o apartamento novo. Comprei mil coisas em milhares de prestações, levei parte da mobília de casa – que, com muito esforço e privações, havia adquirido. A ironia da situação era quase inacreditável. Mas C. continuava orgulhoso e tomado por um inalterado espírito de "boa vida" – uma boa vida que não podia mais sustentar. A maior parte do tempo, ficava no apartamento novo, ainda que oficialmente continuasse morando com minha mãe.

Enquanto isso, o filho de C. com a ex-esposa passou a ficar cada vez mais aos nossos cuidados. E eu amei e cuidei daquela criança como se fosse minha durante seis longos anos.

Muitas vezes pensava em me separar. Minha mãe, que, desde o meu fatídico desvirginamento, repetia a cada namoro rompido que "agora ninguém ia me querer mais", como se eu fosse um par de botas usadas, se desesperava e me convencia a ter paciência. Para ela era evidente que, depois de toda aquela devassa na minha dignidade, nenhum outro homem poderia pensar em ter algo sério comigo. E tornou-se aliada de C., vigiando meus passos e mantendo-o informado sobre tudo o que eu fazia. Se desconfiava que eu pudesse estar saindo da linha, colocava-se contra mim.

– Ele é um bom homem e gosta de você, Silu. Você tem de cuidar dele – dizia. E eu a ouvia às lágrimas sem saber de onde tirar forças para seguir.

O cotidiano ao lado de C. era cheio de mistérios insondáveis, gavetas e cofres fechados à chave, telefonemas estranhos, saídas abruptas. Ele não se interessava pelas "trivialidades" da vida mediana. Então era eu quem fazia faxina em casa, cuidava das nossas roupas, das contas. Era eu que trabalhava 18 horas por dia.

Certo dia, observei enquanto ele fumava seu charuto na nossa bela varanda, olhando para a paisagem com expressão sonhadora, e me aproximei:

– Está vendo esse lugar?

– Estou. É bonito demais, não é, Silu?

— É bonito, sim. Mas você já olhou para a geladeira hoje?

Quem olhasse da rua para aquela bela varanda ou mesmo para C., que se vestia de um jeito sempre impecável e circulava com o carro importado emprestado, jamais poderia supor que não havia comida em sua casa.

E ele se recusava a lidar com a realidade, como se num passe de mágica tudo pudesse voltar a ser como antes, e ele não precisasse sacrificar nada para ter uma vida normal. Em momento algum percebia que tudo o que eu queria era ter uma vida normal. Nem uma vida de privações, como a que havia conhecido desde a infância, nem uma de luxos insustentáveis, fantasias e ostentação.

E estava farta do mistério, dos segredos, das mentiras.

Um dia C., por descuido, esqueceu um de seus cofres aberto. Não hesitei. Lá encontrei pelo menos três carteiras de identidade, todas com o mesmo nome, o nome de C., mas datas de nascimento diferentes. Sua vaidade era tamanha que ele falsificava documentos para se dizer mais jovem.

Descobri que meu marido tinha, na verdade, 60 anos. Tudo na sua vida era mentira. E a minha vida havia se tornado uma também.

Eu olhava pela varanda daquele apartamento, para a vizinhança que destoava em tudo das vizinhanças onde cresci, e sabia que aquela não era a vida que queria ter. Desenvolvi uma gastrite nervosa, adoecia por qualquer motivo.

No entanto, uma amiga mais próxima, com quem ainda podia conversar sem despertar o ciúme doentio de C., havia muito me encorajava a tomar uma atitude. Então, depois de incontáveis impulsos sufocados, telefonei para ela. C. sairia para algum compromisso no dia seguinte. Ela se dispôs a ajudar.

Não tive muito tempo para me preparar – precisava agir antes que fosse tarde. Às três da tarde minha amiga estacionou seu carro diante do prédio.

Eu sabia que C. pedia aos porteiros que o mantivessem a par, caso vissem qualquer "movimento estranho". A maior parte dos meus pertences estava naquele apartamento, mas não podia fazer duas viagens. Então coloquei parte das minhas roupas, sapatos e alguns objetos pessoais em sacos plásticos e parti. Na casa de minha mãe, dormia num colchão, porque todo o resto deixei para trás.

Diante da minha recusa em voltar por livre e espontânea vontade, C. se enfureceu e passou a me perseguir. Mais uma vez eu não podia andar sozinha. Sua sombra estava sempre por perto. Nunca mais tive um dia de sossego. E a gota d'água veio meses depois.

Eu voltava do trabalho quando vi seu carro se aproximar. Imediatamente pensei em fugir, mas ele baixou o vidro e falou com doçura. Disse que precisava conversar comigo. "Apenas conversar."

Não sei por que, mas me comovi. Quando me aproximei, ele revelou suas verdadeiras intenções. Mostrando um revólver, ordenou que entrasse no carro.

Realmente tive medo de morrer e obedeci, ciente de que se houvesse qualquer descontrole, ele poderia, num ato impensado, disparar. A história, como tantas outras que lemos todos os dias nos jornais e na televisão, podia acabar em tragédia.

Com estas cenas em mente, mantive inexplicavelmente o sangue frio. Dali, C. dirigiu até um lugar ermo, dizendo que se fizesse algo comigo ninguém descobriria. Eu procurei conversar:

– Calma, você está alterado, não quer me fazer nenhum mal, eu sei.

Enquanto isso, com toda a discrição, eu ligava do celular para o meu irmão e inventava pretextos para repetir o nome de C. e dizer em voz alta aonde estávamos indo, sem que ele desconfiasse.

Mas meu irmão teria entendido o recado?

Na expectativa de que o melhor e o pior poderiam acontecer, segui tentando manter a situação sob controle, deixando claro que eu não lhe queria mal e que tudo acabaria da melhor forma. Precisava ganhar tempo.

Cerca de vinte minutos depois, vi o carro da minha família se aproximar na estrada. Meu irmão chegava para me resgatar. C. não reagiu. Em vez disso, chorou e me implorou para voltar.

Há mulheres que, mesmo depois de ameaçadas e agredidas, mesmo depois de traições e das piores violências, físicas ou psicológicas, com as feridas ainda abertas, voltam para os braços dos seus algozes.

Uma, duas, três, tantas vezes quantas couberem na sua fé cega de que "será diferente agora".

Dificilmente é. E há mulheres marcadas para sempre, seja pela crença no amor, pelo apego ao casamento ou o medo de ter de encarar a vida sozinha, por covardia ou comodismo. Muitas são apenas movidas pela autoestima deteriorada que lhes sussurra (ou grita) dia e noite que não serão nada sem aquele homem ao seu lado. Ainda que sacrifiquem a própria dignidade.

Penso e, não sem surpresa, descubro que eu mesma não estive longe dessa realidade.

Se quiser culpar C. por ter mentido tantas vezes, me sufocado com seu ciúme e possessividade, me afastado dos amigos, preciso também assumir a minha porção de responsabilidade. Para que alguém engane e sufoque o outro, é preciso que este se deixe enganar e sufocar. Talvez, mais que C., a carência e a baixa autoestima tenham sido meus maiores inimigos.

Jamais voltei ao apartamento com vista para o mar para buscar minhas coisas. Preferi recomeçar do zero. Naquele momento, me desapegar do material foi um gesto de apego à liberdade.

A perseguição continuaria por algum tempo. Assim como o medo e a incerteza sobre o futuro. Eu estava exausta e machucada. Os últimos sete anos tinham sido atordoantes, mas me fizeram amadurecer.

E eu havia tomado uma decisão: a minha liberdade ninguém mais roubaria de mim.

Rapunzel joga as tranças

MESES ANTES, o telefone tocou. Era a produção de um programa de televisão me convidando para ir a São Paulo contar a minha história. Desde a primeira capa de revista, isso já havia acontecido algumas vezes. Diante do meu entusiasmo, C. foi cortante. Mas como estava acostumada e não esperava nada diferente, me restringi a comunicá-lo de que iria, sim, para São Paulo, e daria, sim, a entrevista.

Semanas depois, lá estava eu. No sábado à noite, duas amigas que viviam na terra da garoa me levaram para um samba, onde a turma costumava se reunir. Fazia muito tempo que não me divertia e me sentia tão leve. Nesse ambiente de trégua, vi Paulo pela primeira vez.

Se C. tinha sido um furacão desgovernado, que me levou do céu ao inferno e me arrastava às escuras de um lado para o outro, Paulo se revelaria o extremo oposto.

Quieto e reservado, podia muito bem passar por antipático ou desinteressante. Não exatamente o tipo que se destaca numa festa, mas educado e atencioso. E tinha alguma coisa no modo como olhava... Paulo parecia ser um homem bom. Além de bonito, com um belo porte de ex-atleta.

Você já começou a ouvir os sinos? Calma. Eu ainda usava aliança e, como tudo na vida, Paulo tinha um problema: quase vinte anos a mais do que essa que vos fala.

Naquela noite, dançamos e rimos juntos, mas nada além disso.

Pouco tempo depois, um congresso sobre medicina estética me levou novamente a São Paulo, ao samba e... Paulo. Que dessa vez estava mais solto e ousado. Naquele tom de brincadeira séria, me convidou para ir ao Rio de Janeiro com ele. Respondi que, além de meu noivo e tantas outras coisas, eu não o conhecia. Ele respondeu que, a partir daquele momento, se eu permitisse, me ligaria todos os dias. Assim o conheceria. E foi exatamente o que fez.

Não houve traição, nem mesmo um beijo, mas voltei para Santa Catarina balançada. E voltava a balançar toda vez que o celular tocava e via o nome de Paulo no visor. Diariamente, sua voz me trazia conforto e me fazia pensar que a vida poderia ser diferente. Conversávamos sobre tudo, nos dávamos apoio, carinho, e essa cumplicidade a distância alimentou algo maior.

A verdade é que fugi da casa de C. com minhas coisas numa quarta-feira, e na sexta embarcava para o Rio de

Janeiro, para o primeiro encontro de verdade com Paulo. Contei tudo à minha mãe, que lamentou, mas entendeu, pelo meu entusiasmo, que não poderia me impedir de ir adiante.

A decisão de renunciar ao relacionamento com C. tinha sido tomada e fora corajosa, claro. Mas eu ainda estava longe de saber o que era me sentir disponível de verdade. Psicologicamente, permanecia muito forte a insistência de C. em me ter de volta, o medo de que não pudesse dar certo com mais ninguém, o pavor de passar por tudo novamente, ou seja, os efeitos daquele romance sobre a minha vida.

As feridas ainda estavam abertas e a ideia de me relacionar outra vez com um homem mais velho me soava como um retrocesso. Estaria me apegando a um padrão?

Nunca fiz terapia, mas já li muitos artigos em revistas que falavam desse tipo de relação em que há uma distância significativa de idade entre os parceiros. Mulheres que se interessam por homens mais velhos estariam tentando suprir algum tipo de ausência paterna?

No meu caso, poderia facilmente admitir essa possibilidade. A relação com meu pai fora muito atribulada. Se nas minhas primeiras lembranças da infância, eu o via como um super-herói, indefectível e distante – os heróis sempre desaparecem depois de salvar o mundo, você não pode pegar o telefone e convidá-lo para jantar na sua casa, já percebeu? –, à medida que cresci, nossas distâncias aumentaram de tal modo que nos transformamos em estranhos um para o outro.

Não sei exatamente quando ou por que motivo, mas me tornei um objeto de cobrança e desaprovação: nada que eu fizesse jamais estava à altura da sua expectativa.

O resultado disso foi que cresci desprotegida, e pior: me sentindo ameaçada pelo meu próprio pai. Daí é menos que um passo para a rebeldia. Mas a minha história, sob esse aspecto, não tem nada de incomum. Histórias de vida semelhantes estão sendo escritas o tempo todo, agora mesmo. Infelizmente.

Então seria compreensível e lógico que eu, desamparada e carente de afeto, cuidado e aprovação, projetasse minha carência em homens mais velhos, que se aproximavam desse modelo que me faltou? Estou só pensando alto. Quem sabe um dia Freud me explique tudo direitinho.

Paulo se interessou por mim desde nosso primeiro encontro. Faltou-lhe ousadia e malícia para se aproximar. Coisas que C. tinha de sobra. Na segunda oportunidade, bebeu para se encorajar. Por isso, quando uma amiga me falou a respeito, algo ali me intrigou. Se ele tivesse se portado como um Dom Juan, como meu ex, é possível que eu tivesse corrido léguas. Mas não.

O primeiro final de semana com Paulo foi de sonho. Quando o vi no desembarque do Galeão, meu coração estava tão disparado que pensava que ia morrer de alegria. Quando voltamos ao aeroporto, para que eu retornasse a Santa Catarina, parecia que ia morrer de tristeza. No intervalo entre chegada e partida, nós, que não tínhamos intimidade alguma, fomos nos reconhecendo e confirmando o que cada conversa a distância nos dizia. Aquilo era para valer.

Mas ainda tinha meu trabalho e muitas responsabilidades, não poderia largar tudo assim. Nos finais de semana seguintes o ritual se repetiu. E vivemos assim por três meses. Por causa da vigília de C., tínhamos de sair às escondidas, com medo de que algo sério pudesse acontecer se ele descobrisse que eu estava me encontrando com outro homem.

Paulo sempre foi direto e objetivo em relação à sua vida e às suas vontades. Não queria se relacionar dessa maneira e não suportava saber que eu vivia sob tal pressão. Em vez de desistir, o que a maioria faria em seu lugar, deu um passo à frente: me convidou para morar no Rio.

Nessa altura, minha mãe já estava convicta de que eu não "arranjaria marido": perdi a virgindade antes do casamento, troquei de namorado, namorei um homem casado, desmanchei um noivado... No final das contas, Paulo deve ter soado como uma bênção divina.

Fiquei assustada, mas ao mesmo tempo cheia de entusiasmo e desejo de partir para essa nova vida, longe do meu passado sombrio, ao lado de um homem tão diferente. Agora eu mesma já podia ouvir os sinos.

Começamos a planejar minha "fuga". Ainda não podia simplesmente abrir a porta e sair – no meio do caminho havia C.

A "operação" por isso foi secreta. Todos sabíamos que as notícias se espalhavam muito rápido em Florianópolis. Como meu ex continuava atento acerca de meus passos, logo descobriria meus planos e tomaria uma atitude mais drástica.

Vez ou outra ainda me procurava ou mandava recados avisando que seria capaz de matar se soubesse que eu estava com outro. Acredite, um lado meu ainda sentia pena. Com 27 anos, eu tinha uma vida pela frente. Nunca me faltou impulso para ir adiante. "Estacionei em lugar indevido" algumas vezes, permaneci quando deveria ter partido, errei, falhei, mas isso tudo fez parte do meu crescimento. Um crescimento doloroso, mas urgente.

Com o tempo, aprendi que nossas melhores qualidades podem ser também nossos maiores defeitos. Porque, por ser ingênua e acreditar na bondade das pessoas, confiei e me entreguei excessivamente para quem não merecia. Mas o contrário disso seria me tornar uma pessoa amargurada, desconfiada, vingativa. Não quero um extremo nem o outro.

Tudo o que havia vivido até então me fez aprender a contornar as dificuldades e seguir em frente. E era exatamente isso que eu deveria fazer agora.

Paulo viajou do Rio a Palhoça de carro para me buscar. Apenas no dia em que me levaria para longe, conheceu meus pais. Eles não ficaram contentes, mas o que importava agora era o nosso futuro. Não faria concessões dessa vez.

Paulo me pediu para levar o mínimo – poucas roupas, poucas lembranças. Queria inaugurar uma vida nova, onde não houvesse resquícios daquele passado turbulento. Só as pessoas realmente próximas sabiam o que estava por acontecer.

Quando entramos na BR-101, a minha felicidade era indescritível. Mas alguma coisa aqui dentro também doía: deixar minha mãe para trás e saber que o passado não estava na bagagem que eu levava comigo. Enquanto nos afastávamos, meu telefone celular tocava sobre a mesa de cabeceira. Eu já não podia ouvi-lo. Mas o passado continuaria em mim, de uma forma ou de outra.

Braços abertos

Enfim... fui uma criança educada para viver com medo, em estado de alerta, consciente de que se fugisse minimamente do padrão rigoroso que regia o nosso cotidiano poderia ser castigada. Meus pais não explicavam os motivos, mas se saísse da linha, pagaria por isso.

E, por consequência, acabei tendo medo até de ser feliz. Sempre que acontecia uma coisa boa, acreditava que seria punida com algum acontecimento ruim. Como se o verdadeiro equilíbrio fosse esse. Porque eu não tinha o direito. O direito de querer e poder. Toda conquista reservaria um revés futuro. Como se meu destino, entre perdas e ganhos, fosse o de uma eterna devedora. Deveria, portanto, me sentir culpada por ter o que não poderia ou chegar aonde não me era permitido. Mas não precisaria ser assim para sempre.

A vida no Rio de Janeiro, ao lado de Paulo, a princípio representou uma ruptura radical, a necessidade de me liberar desse tipo de conduta. Me senti mulher pela primeira vez, não uma garota submissa e tola, nem a bonequinha de luxo de alguém. Finalmente acreditei que poderia ser a dona da minha vida e compreendi que muito do que haviam me ensinado não servia mais.

O caráter você leva para qualquer lugar, isso não se altera facilmente, mas a ignorância, o preconceito, a submissão, a autopiedade e a culpa são heranças a serem abandonadas quando você amplia seu olhar sobre o mundo e começa a perceber suas verdadeiras dimensões.

É um abandono difícil. Com o passar dos anos compreendi que ter emagrecido e me tornado uma mulher atraente e um pouco mais instruída não seria o bastante para apagar as marcas profundas que carregava em meu íntimo.

Dei o primeiro passo quase dez anos antes, quando, depois de me abandonar por completo e permitir que me traíssem e me humilhassem, fui capaz de reagir e usar o que me desfavorecia para virar o jogo. Não apenas ser reconhecida, mas também começar a me reconhecer.

No entanto, para me sentir merecedora dessa nova vida, precisava desconstruir um vasto repertório de insucessos e tristezas, desmontar aquele passado, peça por peça. Desfazer o monstro, como uma criança que tem medo do escuro e, ao acender a luz, percebe que não há nada a temer. Só então poderia continuar me reconstruindo.

Por onde começar? Me fiz essa pergunta semanas depois da mudança. Minha vida escolar, desde os 12 anos, foi desastrosa. Quando saí de Santa Catarina, tinha cursado apenas até a sétima série. Não me faltava capacidade, mas fôlego. A maior prova disso é que, aos 21, me inscrevi num concurso para trabalhar no Censo daquele ano em Santa Catarina e não apenas fui aprovada, como fiquei em terceiro lugar na classificação geral do estado.

Isso foi possível não só porque era interessada, mas porque era preciso ter bons conhecimentos gerais para participar dos concursos de beleza. Logo, a miss ajudou a futura recenseadora.

Com essa classificação, pude escolher o setor de ação, ou seja, a região em que trabalharia. Optei pelo setor rural porque pagava mais. Trabalhei nos arredores de onde minha avó tinha um sítio, que virou o meu quartel-general.

A Miss Palhoça 2000 colocava tênis, uma roupa confortável, e percorria, a pé ou de bicicleta, meia maratona diariamente por fazendas e sítios do interior de Santa Catarina. Lembro que, no final de um mês, além de estar ainda mais magra e em forma, recebi em torno de 2 mil reais – o maior salário que já tinha ganhado na vida.

Na época, também investi numa formação técnica de esteticista, mas sempre soube que tinha uma dívida comigo mesma, que precisava ir adiante nos estudos. E essa foi uma das minhas primeiras atitudes depois da mudança.

Esse resgate foi fundamental. Em um ano e meio concluí a oitava série e o ensino médio. Tinha 28 anos na época, e estava tão animada que cogitei prestar vestibular para medicina. Pensei que, num futuro distante, poderia me especializar em medicina estética, mas fui desmotivada por um casal de médicos amigos – além das dificuldades que encontraria para entrar no curso, a formação médica era longa demais. "Medicina é vocação, Silu, se você não tem certeza de que tem a vocação, não vai suportar essa vida", me disseram. E, de certa forma, me arrependo por não ter sido a velha Silu teimosa e seguido em frente.

Enquanto isso, Paulo e eu nos mudamos para um apartamento espaçoso e bonito na Barra da Tijuca, próximo à praia. Duas semanas depois da chegada, ganhei um carro de presente. Não apenas meu primeiro carro, como também o carro dos meus sonhos. Ele trabalhava fora o dia todo e não queria que eu me sentisse presa.

Era o auge da paixão. Eu acordava cedo para preparar seu café da manhã, adorava mimá-lo. Não imaginava que ele não gostasse de comer de manhã cedo e só o fazia também para não me desapontar.

Descobrimos a intimidade pouco a pouco, já morando juntos – situação que, por si, já é um desafio. Porém tudo entre nós fluía com naturalidade. Construíamos uma relação amorosa e pacífica.

Como Paulo ia bem nos negócios, pude saber como era viver sem precisar trabalhar. Mas não me sentia confortável nesse papel. Como havia trazido o material da clínica comigo, adaptei um quarto do apartamento e passei a atender as vizinhas do condomínio.

No resto do tempo, cuidava da casa, fazia exercícios, estudava e, talvez mais que tudo, me dedicava ao meu marido. Também fiz amigos, me permiti ser mais solta, aprendi a leveza. No lugar daquela mocinha retraída e amargurada, surgia uma mulher amigável e divertida. Paulo e eu tínhamos uma vida social pacata, mas prazerosa. Estar juntos nos bastava.

Mudar é preciso

Em 2007 fui entrevistada pela segunda vez por uma mesma revista de beleza. Nessa ocasião, a editora sugeriu meu nome para um programa de televisão muito popular no país inteiro. Dias depois, recebi o convite.

A essa altura, já compreendia que a história que eu tinha para contar não era a de uma pobre heroína injustiçada e perseguida por terríveis vilões. Nada pode ser pior do que uma pessoa que se vitimiza. Ao assumir as rédeas da minha vida, eu também deveria assumir a responsabilidade sobre ela.

Ninguém é injustiçado tantas vezes por força do acaso ou do destino. Há sempre uma espécie de conivência, um pacto entre quem ofende e quem é ofendido. Quem se deixa humilhar e se presta a condição de degrau é seu maior inimigo.

Àquela altura, já me perguntava o quanto eu fora conivente com quem me fez mal. E sabia a resposta. Então achei que deveria dividir essa aprendizagem em rede nacional.

Já havia participado de outros programas de televisão antes e não poderia imaginar o quanto aquele seria significativo. No último bloco, tive um insight e dei o número do meu celular para quem estivesse assistindo e precisasse conversar. Recebi ligações do país inteiro.

Mas uma delas foi especialmente determinante. Uma senhora de 80 anos me ligou dizendo que não queria ajuda para emagrecer, mas que desejava me agradecer por uma lição fundamental. Disse-me que ao ouvir minha história na televisão, aprendeu a perdoar. Assim como eu, ela permitira muitas vezes que lhe fizessem mal, mas nunca reconheceu sua responsabilidade nessa cadeia. Nunca até me ouvir.

Há anos carrego uma imagem muito viva dentro de mim: às lágrimas, abraço minha mãe e lhe pergunto por que ela me deu a vida para ser sempre tão infeliz. Não entendia por qual razão precisei passar por tantos desafios, tantos obstáculos. No dia em que essa mulher me disse aquelas palavras, finalmente compreendi.

Percebi que tinha uma missão. Minha vida poderia ter um sentido maior se eu me dedicasse a ajudar as pessoas. Uma história isolada seria apenas mais uma, entre milhões de outras. Mas uma experiência compartilhada ganharia nova dimensão.

Foi quando pensei em criar um site que me colocasse em contato direto com quem estivesse passando pelo mesmo que passei e também precisasse de ajuda. Através dele poderia ajudar de forma mais concreta e direta. Dar o estímulo que não recebi seria uma maneira gratificante de vencer mais uma vez o passado.

Associei-me a profissionais de diferentes áreas e assim nasceu o *Diário de uma ex-gordinha*, um site pessoal que reuniria dicas sobre alimentação, dietas, exercícios, tratamentos estéticos, enfim, cuidados com o corpo que, somados à minha experiência de vida, serviriam como incentivo.

Cuidar da imagem passou a fazer parte de um projeto que transcendia a vaidade, a satisfação exclusivamente pessoal. Eu queria multiplicar minhas conquistas.

É inegável que o dinheiro de que podia desfrutar naquele momento me permitia acessar meios mais modernos e muito eficientes para ficar bonita. No entanto, tudo não passava de uma manutenção do que eu continuava fazendo em termos de alimentação e atividade física.

Mas minha transformação aconteceu muito antes e sem recurso algum: perdi quase trinta quilos com força de vontade e sacrifício. E era uma garota pobre quando isso aconteceu. É importante alertar as pessoas sobre isso: mostrar que hoje em dia há tratamentos e produtos avançados, sim, mas que a força de vontade continua sendo o instrumento mais eficaz para quem quer e precisa melhorar.

À medida que meu entusiasmo por essa causa aumentava, Paulo mostrava-se mais intolerante. No começo foi algo sutil, um olhar que se perdia, o silêncio diante das minhas dúvidas. Por fim, ele acabou revelando que achava bobagem eu insistir em fazer disso um ofício ou um objetivo de vida.

Eu preferia contar com seu apoio, mas já estava pós-graduada em seguir adiante nas minhas metas apesar da descrença alheia.

Paulo saiu da empresa onde trabalhava e usou suas economias para investir numa franquia de alimentação. Abrimos juntos um restaurante em um shopping da zona norte do Rio de Janeiro. No começo estávamos entusiasmados, mas logo surgiram as primeiras crises.

Ele, com o passar de algumas semanas, assumia uma atitude estranhamente passiva. Recusava-se a acompanhar as obras de perto, e quando nos demos conta era tarde demais. Havia muitos erros que custariam caro para serem corrigidos. A operação gerava muito mais gastos do que prevíamos.

Isso desestabilizou pouco a pouco meu marido. Apesar de ele dificilmente sair do sério, na intimidade, se tornava mais introspectivo e retraído.

Quando, enfim, o restaurante foi inaugurado, passamos a trabalhar como loucos. Nossa rotina mudou de forma radical. No entanto, nada disso me assustou: o trabalho, por mais duro que fosse, não me assustava. Como não entendia nada do ramo, me esforcei ao máximo para aprender. E com Paulo ao meu lado, sentia-me forte como nunca.

Contudo, os gastos cresciam vertiginosamente e os lucros demoravam a aparecer. Percebemos que morar na Barra da Tijuca e tomar conta dos negócios no outro lado da cidade nos roubava tempo e uma energia preciosa. Conversamos e decidimos de comum acordo alugar um apartamento próximo ao trabalho.

Apesar de o edifício novo ser bonito e confortável, o apartamento ainda maior, mais barato e prático, algo parecia ter se quebrado. Paulo deu sinais maiores de que estava deprimido: não queria mais sair de casa para passear, relutava em fazer qualquer gasto com diversão ou lazer e passou a vigiar e conter meus gastos pessoais.

Também demonstrava se incomodar com minha rotina de malhação e os cuidados que fazia questão de ter com meu corpo. E quando aparecia em casa com roupas e sapatos novos, sabia que teria de enfrentar seu olhar aborrecido e críticas a cada dia mais severas. O diálogo tornou-se tenso e nossas conversas passaram a girar apenas em torno dos problemas do restaurante.

"Os negócios vão mal, precisamos economizar", sempre repetia. Mas eu não estava me tornando uma perua sem noção da realidade, não. Gostava de me manter bonita, e confesso que tinha uma obsessão especial por sapatos, talvez por ter usado sapatos tão baratos e feios no passado, mas esse mesmo passado me ensinou a não cair no desperdício.

Paulo, o mesmo Paulo que dois anos antes viajou quase 2 mil quilômetros para me buscar e fez questão que eu deixasse quase tudo para trás, porque compraríamos tudo novo para a nova vida, pensava diferente agora.

Ficamos cerca de nove meses no apartamento da zona norte, durante os quais eu tentava ignorar o esfacelamento da relação. Ou por acreditar que se tornasse esse um assunto constante, o desgaste seria maior, ou por medo do que um mergulho mais profundo na crise poderia revelar.

Continuei sendo a mesma esposa atenciosa de sempre, mas, para meu desespero, a relação começou a se esvaziar. Era como se alguma coisa houvesse ficado para trás naquela mudança: tínhamos trazido conosco os sofás, a cama, a televisão, os armários, mas não a felicidade.

Eu repetia que tínhamos de ir em frente, logo superaríamos as diferenças. Cortei gastos radicalmente, como Paulo tanto queria, e me dispus a acompanhar os negócios ainda mais de perto. Mas, paralelamente ao trabalho na gerência da loja, ingressei num curso de oratória. O projeto de usar a minha história para ajudar as pessoas continuava vivo dentro de mim. Queria aprender a me comunicar da melhor forma possível.

Assim como quando pisava na passarela diante da plateia e do júri, aprendi a tratar cada situação como se fosse única. E mais que isso, a última. "Silu, essa vai ser a última vez que você vai falar, então diga alguma coisa que valha a pena ser ouvida."

Da mesma forma, tentava explicar ao meu marido que era importante para mim estar bem arrumada porque as pessoas mereciam de mim o melhor que eu tinha para dar. Como seu incômodo tornou-se evidente e contumaz, eu me questionava se estava errando por algum motivo. Porém concluía sempre que não havia nenhum exagero ou discrepância no meu modo de viver. Não deixava de ser uma pessoa útil e eficiente por querer me sentir bem com minha aparência.

Não admitia, depois de tudo por que havia passado, regredir por causa da incompreensão de um homem, mesmo que fosse o homem que amava. Passar a não me cuidar, voltar ao antigo desleixo, para lhe provar que não era uma mulher fútil seria inconcebível. Assim como era inconcebível que ele estivesse ficando cego para quem eu era verdadeiramente.

As nossas distâncias só aumentaram. Num ato cego de desespero, propus que voltássemos a morar no antigo bairro, como se voltando ao lugar onde fomos felizes pudéssemos recuperar a nossa alegria. Mas estava enganada.

Voltamos a morar na Barra, num apartamento menor. Não sei se Paulo usou a mudança como desculpa para frear qualquer possibilidade de termos uma vida social ou se de fato não sentia mais o impulso. Se queríamos morar na Barra, não podíamos gastar com mais nada, respondia, diante da minha insistência em que passeássemos mais. "Tudo custa dinheiro." Fazia cara feia até se eu sugerisse que fôssemos a uma pizzaria.

A televisão passou a ser sua companhia favorita. Eu e os negócios, a origem de seus desapontamentos e amarguras.

Enquanto Paulo fechava os olhos para minhas qualidades, outros homens armavam estratégias engenhosas para me conquistar. Recebia toda sorte de galanteios, tinha me tornado uma mulher assediada. Grandes empresários, cantores, galãs de televisão, jogadores de futebol. E o homem que eu queria tornava-se um estranho.

Quando pedia conselhos, minha mãe costumava dizer que certas coisas na vida, como trabalho e casamento, precisavam ser mantidas.

Parecia se esquecer que, quase trinta anos antes, saía de casa com uma filha no colo e outra numa caixa de sapatos. Parecia não lembrar que havia pouco tempo, mesmo depois de vinte e tantos anos de casamento, mesmo analfabeta, viu-se capaz de seguir sua vida sem um marido por perto. Parecia não saber o quanto era e podia ser forte e que, no fundo, era um exemplo que contradizia seu discurso conformista.

Talvez o casamento com Paulo tenha sido outra mentira que comprei. Talvez tenha dado certo, ainda que por pouco tempo.

A engrenagem da vida não falhava: perde-se de um lado, ganha-se de outro. Enquanto meu casamento entrava em declínio, o *Diário de uma ex-gordinha* entrava no ar e os acessos cresciam vertiginosamente.

À noite, chegava em casa depois do trabalho exaustivo e não conseguia descansar antes de ler e responder as dezenas de mensagens que recebia. Mulheres de norte a sul do Brasil me procuravam para dividir suas angústias. E se eu estava ali oferecendo apoio, precisava levar isso até o fim. Estávamos unidas pelo precioso sentimento da solidariedade.

Embora houvesse um número significativo de pessoas interessadas em obter conselhos sobre emagrecimento e outras melhorias estéticas, muitas delas queixavam-se mais da rejeição, do desamor e do desestímulo que recebiam de seus companheiros e familiares que da gordura em si. "Você precisa ser dona da sua vida e da sua verdade", eu repetia como um mantra. "Você precisa se amar", insistia. Não apenas para elas, mas para mim mesma.

Essas mulheres não imaginavam que aquela ex-gordinha que lhes aconselhava padecia de um dilema semelhante. Eu havia alcançado um patamar inimaginável para a garota de olhar triste, a doméstica dos braços cobertos por urticárias, para a adolescente gorda que servia de piada para os colegas de trabalho.

Superei a pobreza, conquistei um belo corpo, fui capa de revistas, participei de programas de televisão. Aos 30 anos, me vi estampada numa página inteira de um dos maiores jornais do país, como exemplo de superação. E recebi o convite de uma grande editora, querendo que eu contasse minha história em um livro. Também aprendi a reconhecer meu valor e a rir de mim mesma. Amei e fui amada verdadeiramente por um homem, ainda que por menos tempo do que gostaria.

Depois de cinco anos, meu casamento chegou ao fim. Uma relação que não potencializa a felicidade de duas pessoas não faz sentido. Mais um ciclo se encerrava e estava na hora de renascer outra vez.

Tive medo dos primeiros passos sem alguém ao meu lado, mas logo se tornou evidente que havia uma base sólida para a reconstrução. E que, não importa a quantidade de êxitos e insucessos, enquanto houver vida, a reconstrução continua. E a minha chama estava mais acesa do que nunca.

Dieta do espelho

Todos sabemos que uma dieta que se preze começa sempre na segunda-feira.

E também sabemos que algumas segundas-feiras demoram meses para chegar. Mas vamos pensar que essa poderá ser a próxima do calendário.

O segredo é não ter afobação. Assim que tiver certeza de que está na hora de se livrar do excesso de peso da sua baixo autoestima, marque o dia D na agenda e prepare-se para conhecer melhor uma pessoa muito interessante: você.

SEGUNDA-FEIRA

- ❑ Lave bem o rosto, deixando-o totalmente limpo.
- ❑ Vá até o aparelho de CD ou pegue seu iPod e coloque uma música calma, mas alegre. Tristeza é uma fonte maligna de sobrepeso físico, mental e emocional. Você

sabe muito bem disso, porque a última vez que ficou triste comeu uma barra de chocolate inteira.
- Depois, procure um lugar iluminado e tranquilo, onde possa se sentar confortavelmente e com privacidade.
- Leve um espelho pequeno.
- Pronto. Sente-se diante do espelho e olhe o próprio rosto, detalhe por detalhe. Primeiro a testa, depois sobrancelhas e olhos, nariz, bochechas, lábios, queixo, orelhas.
- Viu tudo?
- Certamente encontrou muitos defeitos, certo?
- Agora, olhe-se de novo. Sem cobranças. Procure dessa vez a beleza de suas formas. Ela está ali, mesmo que você não esteja acostumada a vê-la. Se algo não está satisfatório, procure entender o motivo.
- Pequenas ações podem ressaltar o que você tem de mais bonito, seja uma pinçada nas sobrancelhas, uma compressa de camomila nos olhos cansados de noites maldormidas e preocupações, um bom rímel, o batonzinho certo. E, claro, o filtro solar adequado. Sempre.
- Não há deusa do cinema que não passe por mil retoques e cuidados e não tenha imperfeições. Modelos podem ser úteis, mas o melhor padrão de beleza é a felicidade interior e a autoaceitação. Cultue a deusa que existe em você.
- Faça cara de sexy, caretas, não tenha medo de parecer boba ou feia. Fique atenta ao poder do seu olhar, à textura da sua pele, à vivacidade dos seus cabelos.

- Se achar que tudo está ruinzinho, é sinal que não tem se dado a devida atenção. O maior amor deve vir de dentro de nós mesmos. E quem ama cuida.
- Que tal ver o que é possível fazer hoje mesmo para se sentir mais bonita?

TERÇA-FEIRA

- Sabe aquele lugar iluminado e tranquilo que encontrou ontem?
- Então, volte agora mesmo para lá. Escolha outra música – igualmente calma e alegre. Pense que está montando o seu playlist da beleza.
- Leve consigo pente, escova, grampos, elásticos, presilhas, arcos, gel, fixador ou leave-in, secador, chapinha, tudo o que tiver do gênero. Porque hoje você vai se concentrar na moldura do rosto: os seus cabelos.
- Olhe bem para eles, da raiz até as pontas. Há marca de tintura na raiz? Fios brancos por retocar? Muitas pontas duplas e fios quebrados? O corte lhe agrada? Toque-os. Estão sedosos ou ásperos? Pesados ou leves?
- Faça todas essas perguntas ao espelho. Ele terá as respostas.
- Se ouvir algo que não lhe cai muito bem, não o deteste por isso. Provavelmente é você quem não tem dado atenção aos pobres fios. E eles não podem sair daí para se virarem sozinho, certo?

- Pense no que pode fazer para melhorar. Às vezes é só uma questão de renovar o corte ou reparar a tinturinha vencida.
- Marque hora ou passe no seu cabeleireiro amigo de confiança e peça conselhos e dicas. Se está sem dinheiro agora, programe-se. Faça uma coisa de cada vez, com a certeza de que todo pequeno ato vai fazer bem.
- Mas antes de sair, experimente penteados novos. Não tenha medo de errar. Puxe os cabelos para trás, para o lado, prenda-o num grande rabo de cavalo, num coque, coloque-o atrás das orelhas, deixe-o solto e rebelde, encontre maneiras novas de usá-lo. Alise, amasse, escove, bagunce. Ouse. Divirta-se. No meio dessa brincadeira, poderá encontrar imagens que não está acostumada a ver: as muitas mulheres que você pode ser.

QUARTA-FEIRA

- A essa altura, não preciso mais dizer para você achar um lugar onde fique à vontade, confortável e tranquila, certo? Nem que uma musiquinha sempre cai bem em momentos íntimos. Íntimos, sim. O que estamos fazendo nada mais é que reforçar sua intimidade consigo mesma.
- Vista uma blusa sem mangas.
- Hoje você precisará de um espelho maior. Grande o suficiente para poder ver seus braços e mãos.
- Olhe-os com atenção tanto através do espelho quanto a olho nu. Sinta, toque-os. Tire-os completamente do contexto do resto do corpo: concentre-se apenas neles.

- Preste atenção na textura da pele, verifique se há manchas, pintas estranhas. Cheque como está a musculatura, as articulações. As mãos estão macias ou ásperas? As unhas estão bem tratadas? Seu formato combina com você? Há esmalte sobre elas? De que cor você gosta? Clarinhas, chamativas?
- Procure o que há de atraente em seus braços e em suas mãos.
- E se algo lhe incomodar, mais uma vez se pergunte: o que posso melhorar aqui? O que estou negligenciando?
- A pele é o maior órgão do nosso corpo e precisa de cuidados extremos porque está muito exposta. Os braços e as mãos costumam sofrer uma exposição maior. Você precisa hidratá-los e protegê-los sempre.
- E que tal alguns exercícios?
- Você certamente não vai querer sentir nada balançando a próxima vez que acenar para uma amiga na rua.
- Tenha um caso de amor com seus braços e mãos nessa quarta-feira e pense seriamente em tudo que pode fazer para agradá-los.
- Conheço alguém que vai se sentir melhor depois disso.

QUINTA-FEIRA

- Nessa quinta-feira, reforce o esquema da privacidade, porque vai começar o striptease!
- Como se estivesse se despindo para o amor da sua vida, tire lentamente a blusa.

- Prefere baixar um pouco a luz? Fique à vontade!
- Pronto. Hoje é dia de focar colo, seios, cintura e barriga. E as costas, que também estão ali para serem notadas, porque ninguém é uma imagem chapada de revista, ora bolas!
- Essa é uma área muito delicada do corpo feminino, o ponto frágil de milhões de mulheres. E não é à toa, não. Menstruação, gravidez ou a força da gravidade estão no time oposto, sempre prontas a bagunçar nosso equilíbrio físico: os seios incham, caem, a barriga infla, cresce, e há aquelas gordurinhas aparentemente indestrutíveis que se mudam para a nossa cintura para nunca mais irem embora...
- Isso tudo é a força da natureza atuando sobre o corpo feminino. E há também a genética. E o sedentarismo e hábitos alimentares nocivos, e ela, a nossa maior inimiga íntima: a baixa autoestima. É ela quem inúmeras vezes nos leva além do limite, que nos faz cruzar a fronteira entre a vida saudável e o desleixo completo.
- Enfim, o que estou querendo dizer é que ninguém precisa de padrões absurdos. O que todas precisamos é entender que sempre é possível melhorar e chegar ao seu próprio padrão de beleza.
- Mas não ouse ficar apenas nas deficiências! Olhe para seu dorso, de frente e de costas, e veja tudo o que há de bonito e atraente nele. Toque-se, sinta a textura da sua pele. Perceba se há excessos e pergunte-se o quanto eles a incomodam e o que está disposta a fazer para livrar-se deles. Uma dieta saudável é recomendável

para todas as pessoas, em todas as idades. O oposto é o desvio.
- Que tal pensar sobre isso? Você estará trocando os minutinhos de prazer de muitas tortas de chocolate por uma vida mais ativa e um corpo mais em dia.
- Vá adiante e namore-se na frente desse espelho! Dance, mova a cintura. Aproveite para se despedir do que não gosta. Diga para si mesma: *bye bye*, querida barriguinha, você está com os dias contados!

SEXTA-FEIRA

- O final de semana está chegando! E esse danadinho que é, já foi ou será um problema para 9,9 entre 10 mulheres precisa ser encarado de frente.
- Hoje, definitivamente, você vai precisar de dois espelhos. Um maior, que ficará fixo na parede ou sobre uma cadeira. O outro você segurará para ver direitinho o sujeito aí atrás de você. Esse mesmo: o seu bumbum!
- Dessa vez sugiro começar com uma luz mais sutil. As surpresas de uma olhadela mais demorada podem não ser as melhores, mas valerá o sacrifício.
- Nem todas temos tempo ou temperamento para virar rata de academia, dinheiro ou coragem para enfrentar um bisturi e, infelizmente, a vida real não vem com *Photoshop* automático. Verdade seja dita: uma genética abençoada é como o primeiro prêmio da loteria. Pou-

quíssimos são abençoados com uma. E um bumbum de revista tem um preço altíssimo.
- Mas você precisa ter o bumbum ideal para o seu corpo, respeitando suas formas como um todo. Celulite e estrias são sinais de que algo não está funcionando bem: você pode estar vivendo sob o efeito sanfona, e não estar hidratando adequadamente a sua pele, o que não é nada recomendável para uma vida longa e saudável, ou estar com problemas circulatórios, ingerindo muitas toxinas, atolando-se no sedentarismo e se deixando vencer pela preguiça.
- Atividades físicas podem ser aborrecidas no começo, mas logo devolvem a você tudo em gratificantes doses de autoestima. O mesmo se aplica para uma boa alimentação.
- E me desculpe se estou sendo repetitiva a semana toda. O que parece óbvio para seus olhos você talvez esteja deixando de fazer.
- Dê uma boa checada na musculatura, verifique se está flácida ou firme, se o grau de sua celulite (sim, todas temos em algum grau) tem avançado, se a aparência da pele está boa. Está caída? Empinada? Exercícios e persistência podem fazer milagres (eu que o diga: tive um bumbum aos 20 e outro aos 30 – e garanto que o atual é muito melhor). No caso do bumbum, apenas caminhadas não resolvem totalmente o problema. Procure uma academia, faça perguntas ao instrutor. Pergunte o que é possível fazer em casa, quando não sobrar tempo para malhação em outro lugar.

- E já que estamos a postos, vire-se e dê uma boa olhadela na região pélvica. Não fique tímida, só você está olhando.
- A depilação anda em dia? Ou você tem tido preguiça para isso também? E essa calcinha bege enorme de elástico frouxo? Por acaso foi minha avó quem lhe deu de presente na década passada?!
- Moça, você precisa dar-se mais presentes, ser mais romântica consigo mesma. Não espere tudo dos outros: faça você mesma primeiro.

SÁBADO

- Humm, finalmente ele chegou!
- Ótimo dia para dançar, certo? Ou a semana foi difícil e você prefere ficar de pernas pro ar, sem fazer absolutamente nada?
- Seja como for, é chegada a hora de dar atenção a suas pernas e pés, mocinha!
- Olhe-se muito bem agora: de frente, de lado, de costas. Gire diante do espelho, pule, se agache, salte. Entenda como está tudo funcionando por aí: articulações, musculatura, pele, unhas. Há flacidez? Celulites? Varizes? Os pés são feitos com que frequência? Quando foi a última vez que se deu uma pedicure de presente? E um delicioso escaldapés com ervas aromáticas (que você pode produzir no conforto da sua casa!).
- E creminhos? Tem passado? Seja sincera.

- E aproveita que está olhando para dar mais uma namoradinha. A batata da perna até que é bem jeitosa, não? E os joelhos, que tal?
- Está se sentindo gordinha?
- Então é só uma questão de botar o pé na estrada e suar um pouco.
- Vá até o guarda-roupa e experimente algumas saias. Curtas ou compridas, veja o que lhe cai melhor agora e o que gostaria de poder usar nesse momento. E não deixe os sapatos de lado, claro!
- Dê uma andadinha, imagine-se numa passarela em Milão. Ria, se divirta. O espelho precisa ser seu melhor amigo. E amigos verdadeiros nos fazem rir, mas também dizem verdades que nos farão melhorar cada vez mais. E sempre.

DOMINGO

- Vamos recapitular: durante os últimos seis dias você se concentrou na sua imagem, mas de forma fragmentada.
- O exercício pode ter parecido estranho no princípio, mas havia uma razão para tudo o que propus: uma mulher precisa conhecer plenamente o próprio corpo.
- Para chegar a esse nível de conhecimento é necessário investir em dois passos: primeiro detectar o que a incomoda e que pode ser melhorado. Depois olhar de novo e encontrar o que há de atraente.

- Proponho essa ordem porque não é nada bom você sair da frente do espelho com a impressão de que está tudo errado. Não! Todas temos pontos fortes e fracos, e os fortes devem nos estimular a melhorar o que permitimos que ficasse para trás. E, acredite, todas passamos por momentos em que a vida pesa, a autoestima falha e fica difícil dar conta de tudo.
- Nessas horas é fácil ceder à tentação de obter prazeres instantâneos: uma barra de chocolate, uma lata de leite condensado, um prato de batata frita, um pileque de cerveja. Por alguns minutos experimenta-se a sensação de que a ansiedade foi embora. Mas claro que não é assim.
- É preciso ter a coragem de se encarar no espelho. O olhar mais importante não é o do namorado ou namorada, do marido ou esposa, dos amigos e colegas de trabalho. É o seu.
- A estratégia é não cair em extremos: nada de se tornar o juiz implacável de si mesma ou um companheiro complacente, que permite tudo. Exercite a autocrítica sem mergulhar em culpas. O que passou, passou.
- A autoestima perdida pode ser reconquistada. Os quilos acumulados podem ser perdidos. Com força de vontade e persistência. E, principalmente, com alegria! O processo todo não pode ser um fardo.
- A fórmula é infalível.
- Tem gente que não acredita que você pode progredir, que gosta de dizer que é difícil, que não vale a pena nem tentar? Não divida seu propósito com essa pessoa. Foque no que importa.

- E hoje, domingo, depois de uma semana corajosa, você finalmente vai se olhar por inteiro.
- Leve o maior espelho que tiver até um ambiente reservado. Prepare o clima. Hoje vale absolutamente tudo: luz, música, incenso. Imagine que terá um encontro amoroso consigo mesma.
- Lentamente, dispa-se.
- Hoje você terá um momento de extrema intimidade com o próprio corpo. Pense nele como sua casa: é aí que você mora, é nele que está impresso cada ano de sua vida. Todas, absolutamente todas as suas experiências. Se ele está cansado e fora de ordem, perdoe-se. Mas prometa para si mesma que terá mais carinho e cuidado daqui para frente.
- Não é assim quando amamos alguém? Amantes, amigos, parentes, filhos: se amamos uma pessoa, fazemos de tudo para dar a ela o nosso melhor, não é? Então façamos isso também com nós mesmos.
- Pegue tudo o que aprendeu sobre si mesma essa semana e faça o melhor disso. Procure com mais atenção o que a incomodou e invista mais naquilo que lhe agrada.
- E, depois de hoje, exercite cotidianamente esse olhar.
- Amanhã novamente é segunda-feira: um bom dia para começar a tomar atitudes práticas. Procurar uma nutricionista, se livrar das comidas gordurosas e do excesso de açúcar, investir nas saladas, frutas e sucos, hidratar-se sempre. Fazer um check-up, matricular-se em uma academia, começar a caminhar naquela pracinha aí perto da sua casa. Enfim, começar a investir em atitudes saudáveis.

- Leve essa lição com você: primeiro, seduza a si mesma. Depois, antes de sair de casa, olhe bem para o espelho e pense que a cada dia, e em todos os outros que terá pela frente, fará pelo menos uma pessoa se apaixonar por você.
- Trate cada pessoa como única, com educação, gentileza, sinta e mostre que está bem consigo mesma e que respeita as diferenças. Reaprenda a doçura e a alegria. Doe amor irrestritamente. E não esqueça que tomar posse da sua vida e reconquistar a sua verdade interior farão de você alguém irresistível.

Alimentação

1) **PERCA 1 KG DE CADA VEZ:**
   Se sua intenção é eliminar 15 quilos, comece imaginando-se com 3 quilos a menos. Quando conseguir alcançar essa meta, passe a pensar em si mesma 4 quilos mais leve, e assim sucessivamente. É uma forma de aprender a valorizar pequenas conquistas. Quando se pensa na totalidade dos quilos que se precisa perder o objetivo parece algo muito distante, mas quando se pensa, por exemplo, em 2 quilos em 1 mês, o alvo se torna mais plausível e menos frustrante.

2) **DÊ PARABÉNS A SI MESMA:**
   Valorize qualquer progresso, mesmo que seja apenas o fato de conseguir comer uma fatia de pizza em vez de quatro. Todas as conquistas devem ser comemoradas, inclusive aquelas que parecem menores e sem importância.

3) **CUIDADO COM O USO DO NÃO:**
Quando dizemos, por exemplo, "Não vou comer batata frita", o cérebro reproduz na mesma hora a imagem da batata frita. Por isso, faça o contrário: prefira sempre dizer o que vai comer, o que pode comer.

4) **SÓ SAIA DA DIETA POR UM BOM MOTIVO:**
Só vale a pena sair da dieta por algo muito bom, então nada de se encher de biscoito recheado. Que tal deixar para sair da linha comendo seu prato favorito, muito bem feito e em boa companhia?

5) **FIQUE ATENTA ÀS PALAVRAS:**
Tome cuidado com o que sai da sua boca. Não repita frases do tipo "Só de ver esse bolo de chocolate eu engordo". As palavras reforçam uma maneira de pensar e dificultam a mudança de comportamento em relação à comida.

6) **LEVE SEMPRE SUA CONSCIÊNCIA PARA A MESA:**
Esteja consciente da diferença entre comer e se alimentar. Comemos qualquer coisa que passa pela nossa frente, mas se alimentar é diferente: é colocar para dentro tudo o que nosso corpo realmente precisa.

7) **PREFIRA OS GRÃOS INTEGRAIS:**
Eles geram mais sensação de saciedade, além de controlarem o colesterol. Os grãos liberam glicose lentamente, impedindo que o carboidrato seja estocado como gordura no organismo.

8) ALIMENTE-SE ANTES DE IR A UMA FESTA:
Antes de sair, faça um lanchinho bem leve, e quando o garçom passar com os salgadinhos exercite o "não, obrigada" e nem olhe para o que tem na bandeja. Quando estiver realmente com fome, só aceite quando for algum salgado de forno.

9) BEBA MUITA ÁGUA:
Este conselho, apesar de parecer mais do que batido, é fundamental caso você queira mesmo emagrecer. Carregue sempre uma garrafinha de água e lembre-se de ir tomando vários goles ao longo do dia.

10) EXERCITE-SE PELA MANHÃ:
Se você pretende começar alguma atividade física, dê preferência ao período da manhã. Assim corre menos riscos de deixar de se exercitar e será mais fácil de a atividade se tornar uma rotina diária.

11) ESQUEÇA O ÓLEO:
Tire o óleo da comida, inclusive a gordura usada no preparo dos alimentos. Para cozinhar, use o vapor, a grelha e o forno.

12) ESCOLHA A HORA CERTA PARA IR AO SUPERMERCADO:
Não vá para o supermercado morrendo de fome. Dessa forma, você vai querer comprar tudo o que vê pela frente. Prefira fazer suas compras depois de já ter almoçado ou jantado.

13) **FAÇA CINCO PEQUENAS REFEIÇÕES POR DIA:**
Assim, na hora do almoço e do jantar seu apetite estará mais controlado e seu metabolismo trabalhará melhor. Comendo menos em cada refeição e distribuindo melhor a quantidade ao longo do dia, você com certeza emagrecerá mais rápido.

14) **OPTE POR DOCES MAIS LEVES:**
Para acalmar o desejo por doces, prefira aqueles à base de frutas, como compotas, geleia com iogurte desnatado ou banana assada.

15) **VÁ COM CALMA:**
Coma devagar, mastigue bem e limite as quantidades. Quem devora os alimentos acaba comendo mais do que deveria.

16) **APRENDA A FAZER UM MOLHO BRANCO LIGHT:**
Para um molho branco bem magrinho, bata no liquidificador o leite desnatado com uma fatia de queijo minas. A receita fica ainda mais saborosa acrescentando alecrim, sálvia ou salsinha.

17) **USE O CHICLETE COMO ALIADO:**
Quando estiver prestes a atacar uma guloseima calórica, mastigue um chiclete sem açúcar com menta extra. O sabor forte da goma vai preencher sua boca e qualquer outro alimento deixará de ser apetitoso.

18) **ELIMINE A MAIONESE DO CARDÁPIO:**
Em vez de cair de boca na velha maionese, prefira a receita de iogurte desnatado com ricota. É muito mais saudável e tem praticamente o mesmo efeito.

19) **AS CORES DOS ALIMENTOS DIZEM MUITO SOBRE ELES. APRENDA:**
Amarelo-alaranjado. Cenoura, papaia, pêssego e manga previnem o câncer e são boas fontes de fibras e de vitamina C. Também são importantes para o funcionamento do intestino.

Verde. Couve, couve-de-bruxelas e brócolis contêm enzimas consideradas poderosas barreiras contra o câncer de mama. As ervas verdes, como manjericão e salsa, têm propriedades antioxidantes, que combatem o envelhecimento.

Vermelho. Tomate, morango e melancia são ricos em vitamina C e vitaminas do complexo B, além de fornecerem boa quantidade de fibras.

Marrom. Feijão, lentilha, soja e pães integrais contêm muitas fibras e ferro, substância fundamental para combater a anemia. Aveia, nozes e arroz integral possuem vitamina E, agente protetor do coração.

Amarelo. Alimentos como milho, caju e pimentão amarelo são ricos em betacaroteno, substância que se transforma em vitamina A. Também são ricos em vitamina C e vitaminas do complexo B.

Branco. Leite, requeijão e queijo minas são ricos em proteínas e cálcio. Carnes brancas (frango e peixe) fornecem proteína com pouca gordura.

Beleza

1) GASTE COM O QUE REALMENTE VALE A PENA:
Em vez de comprar vários produtos de marcas inferiores, invista numa marca de qualidade. Some o que você gasta em creminhos por aí e pense naquele que deixou de comprar porque achou caro. O mesmo princípio vale para roupas e sapatos.

2) INVISTA JÁ PARA EVITAR PROBLEMAS FUTUROS:
Compare o preço do melhor e mais caro filtro solar do mercado com o de um *peeling* para tratar de manchas na pele. É melhor gastar um pouquinho mais agora do que ter de remediar um problema sério depois.

3) ESCOLHA SEUS CREMES COM CUIDADO:
Cremes muito pesados podem tampar os poros e formar cravos e espinhas. Prefira fórmulas mais le-

ves e adequadas ao seu tipo de pele. Cuidado também com o uso de bases muito pesadas ou excesso de pó.

4) NÃO ESQUEÇA DA ESFOLIAÇÃO:
Faça uma esfoliação noturna suave por três noites consecutivas. O resultado é que os corneócitos (células superficiais da pele) aderem menos, apressando, assim, a renovação celular. Nas noites restantes use cremes nutritivos ou hidratantes.

5) CONFIRA A FREQUÊNCIA IDEAL PARA MARCAR UMA LIMPEZA DE PELE:
Peles secas: uma sessão a cada dois meses.
Peles oleosas: uma sessão por mês.
Peles em tratamentos dermatológicos: a cada 15 dias.

6) CONTROLE OS PÉS DE GALINHA:
Peles secas tendem a ter pés de galinha mais cedo. Use creme para o contorno dos olhos de manhã e à noite.

7) FIQUE ATENTA ÀS FÓRMULAS DOS PRODUTOS:
As vitaminas C e E nos cosméticos aumentam a firmeza da pele e também combatem os radicais livres.

Visite o site:
www.diariodeumaexgordinha.com.br

Este livro foi composto na tipologia Minion Pro,
em corpo 12/16,4, impresso em papel off-white 80g/m²,
no Sistema Cameron da Divisão Gráfica
da Distribuidora Record.